BASTEI
LÜBBE

Barbara

NOACK

Glück und was sonst noch zählt

BASTEI
LÜBBE

BASTEI-LÜBBE-TASCHENBUCH
Band 12429

Lizenzausgabe: Gustav Lübbe Verlag GmbH, Bergisch Gladbach
Printed in Germany Dezember 1995
Einbandgestaltung: Manfred Peters
Titelzeichnung: Hschak Tarkay
Satz: Bosbach & Siebel Print Media Concept, Lindlar
Druck und Bindung: Elsnerdruck, Berlin
ISBN 3-404-12429-4

Der Preis dieses Bandes versteht sich einschließlich
der gesetzlichen Mehrwertsteuer.

Inhalt

Tata

Es ist Sonntag, der 13. August 1961.

Kurz vor acht kommt Hans vom morgendlichen Karree mit Trudchen, unserer drallen Spanielhündin, zurück. »Schnell, stell die Nachrichten an!« Seine Stimme klingt, als sei er die vier Treppen zu unserer Wohnung in einem Stück hochgerannt.

Ich drehe am Küchenradio.

»Seit den frühen Morgenstunden haben schwerbewaffnete Einheiten der sowjetzonalen Volksarmee, der Vopo, der Grenzpolizei sowie sogenannte Betriebskampfgruppen begonnen, die Sektorengrenzen zwischen Ost- und West-Berlin und die Zonengrenze um Berlin mit Betonpfählen und Stacheldrahtverhauen abzuriegeln. An mehreren Stellen kam es zu Ausschreitungen zwischen Vopos und aufgebrachten Westberliner Bürgern.«

Wir sehen uns an. Hans zieht ein Päckchen Lord aus der Hosentasche und zündet eine Zigarette am Filtermundstück an. Ich vergesse, ihn zu warnen, weil zutiefst von dieser Nachricht erschüttert. Hören die

Schikanen denn niemals auf? Kommen wir in West-Berlin nie zur Ruhe? »Das riecht nach 'ner neuen Blockade.«

Philip, unser zweijähriger Sohn, den wir den »Chef« nennen, wetzt in scharfer Kurve, ohne Hose, mit hängendem Windelpaket, in die Küche. »Pihip Hunger!«

»Gleich«, vertröste ich ihn.

»Es war ja zu erwarten, daß sie was gegen die Massenflucht unternehmen würden, zumal ihnen ihre besten Fachkräfte nach dem Westen abhauen«, sagt mein Mann.

Aber deshalb gleich West- von Ost-Berlin abzuriegeln! Das ist eine massive Verletzung des Viermächtestatus der Stadt, die schlimmste seit der Blockade 1948.

Philip zerrt energisch an meinen Jeans. »Pihip Hunger! Nun!!«

Ich schiebe einen Keks in seine Ungeduld. Er zieht ab, gefolgt von Trudchen.

Ernste Musik im Radio. Noch ist die Nachricht zu frisch, um sich die Folgen in ihrer ganzen Tragweite ausmalen zu können. Was für private Tragödien wird sie auslösen! Zerrissene Familien, ruinierte Existenzen – vielleicht sogar das Ende unserer Freiheit in West-Berlin.

Eine neue Meldung. »Der Regierende Bürgermeister von Berlin, Willy Brandt, hat seine Wahlreise durch Norddeutschland abgebrochen und befindet sich auf dem Rückflug nach Berlin.«

Alle weiteren Nachrichten werden vom Gebrüll des Chefs übertönt. Trudchen hat ihm seinen Keks geklaut.

Hans setzt sich mit ihm an den Frühstückstisch, damit er Ruhe gibt. Chef gibt aber keine Ruhe. Er will nicht gefüttert werden, sondern selber mit dem Löffel seinen Bananenpamps zusammenhauen. Dazu Beethoven aus dem Radio und das Pfeifen des Wasserkessels auf dem Herd.

»Mein Gott! Die Tata!« Beim Teeaufgießen wird mir plötzlich bewußt, was diese Grenzschließung für uns persönlich bedeutet: »Jetzt haben wir keine Tata mehr!«

Hans schaut mich an, als ob ich ihm gerade den Tod eines näheren Verwandten mitgeteilt hätte. Dabei – auf Verwandte kann man im Notfall verzichten, aber nicht auf Tata. »Das ist ja furchtbar«, sagt er, »daran habe ich überhaupt noch nicht gedacht.«

Bürgerlich heißt sie Frau Martha Keller, bis der Chef zu sprechen anfing und aus Tante Martha »Tata« machte. Und so haben wir Erwachsenen sie dann auch genannt.

Sie gehörte bis gestern zum Heer der Putzfrauen, das jeden Wochentag von Ost-Berlin per Bus und Bahn zu uns herüberreiste, um für eine D-Mark West pro Stunde unsere Haushalte in Ordnung zu halten und unsere Kinder zu hüten. Dafür konnten sie all das bei uns kaufen, was im Osten Mangelware war bzw. überhaupt nicht zu kriegen war, wie Orangen, gutes

Fleisch, Schokolade, Medikamente, haltbare Textilien, technische Geräte, Ersatzteile oder Bohnenkaffee. Hoffentlich hat Tata noch genügend Kaffee zu Haus.

»Jetzt sitzt sie bestimmt am Küchentisch und heult sich die Augen aus dem Kopf.«

»Hoffentlich«, sagt mein Mann.

»Wie kannst du daran zweifeln!«

Und er: »Ich zweifle ja nicht daran, daß sie leidet. Ich fürchte nur, sie sitzt nicht am Küchentisch, sondern randaliert in vorderster Linie gegen die Vopos an. Du weißt, wie rabiat sie sein kann. Denk an den 17. Juni, was sie da angerichtet hat–!«

*

Das Wetter ist viel zu kalt für August.

Wir halten es zu Haus nicht aus, verladen Sohn und Hund auf dem Rücksitz und fahren zum Brandenburger Tor, zumindest in seine von zigtausend Menschen zugemauerte Nähe. Im Autoradio hören wir, was der RIAS-Reporter in der ersten Reihe vorm Tor sieht: eine Kette von Volkspolizisten und dahinter aufgefahrene Panzer. Auf der östlichen Seite: Unter den Linden und in den Nebenstraßen sollen Soldaten mit Bajonetten empörte Bürger zurückgedrängt haben. Verzweiflung und ohnmächtige Wut hüben wie drüben.

Die Bevölkerung wird durch Lautsprecher zu Besonnenheit ermahnt.

Ein Außenstehender kann sich kaum vorstellen, was es für einen von Natur aus aggressiven Großstädter wie den Berliner bedeutet, seinen brodelnden Haß unterm Deckel zu halten. Der Psychoterror, den Sowjets und DDR-Regime seit 1945 auf uns ausüben, dauert schon zu lange. Irgendwann macht er die stärksten Nerven mürbe.

*

Abends schreibe ich eine Postkarte an Tata. Ich schreibe sie so, als ob mir der Chef ihren Text diktiert hätte. Briefe könnten zensiert werden, aber so eine harmlose Karte erreicht sie bestimmt. Ich lasse am unteren Rand genügend Platz, damit er selbst einen Gruß darunterstricheln kann.

Hans telefoniert inzwischen mit einem Bekannten, der die letzte Nacht bei Verwandten im Osten zugebracht hat. Er erzählt von verzweifelten Szenen auf den Bahnhöfen.

Familien, die ihre Flucht in den Westen lange vorbereitet hatten – ihre Habe verkauft oder verschenkt, auch zerhackt, damit die regimetreuen Nachmieter ihrer Wohnungen sie nicht benutzen konnten –, wurden von den neuen Maßnahmen auf U- und S-Bahnhöfen überrascht. Für sie gibt es kein Zurück mehr in die alte Welt – sie müssen aber zurück, wohin denn sonst? Volkspolizei macht Jagd auf sie.

*

Wie wir zu Tata kamen, ist eine Geschichte für sich.

Das nicht mehr zu verhindernde Bekenntnis, im

siebten Monat schwanger zu sein, ließ unsere West-Berliner Putzfrau zum nächsten Ersten kündigen. Eine Zweihundert-Quadratmeter-Altbauwohnung mitsamt Galerie und Innentreppe *und* ein zu erwartender Säugling überschritten ihre Arbeitswilligkeit. Das war ihr zuviel.

Das war auch den anderen zuviel, die sich auf unsere Annonce meldeten.

»In meiner Junggesellenzeit wollten alle gerne bei mir putzen«, erinnerte sich Hans.

Seine nostalgische Feststellung nutzte mir gar nichts. Ich war mit einem Filmdrehbuch im Verzug. Mein Verleger wartete auf eine in seinem Herbstprogramm bereits angekündigte Novelle. Bis zum letzten Tag vor der Geburt würde ich arbeiten müssen, um meine Termine einzuhalten. Aber dazu brauchte ich dringend eine Hilfe im Haushalt.

Zirka vier Wochen vor dem Erscheinen unseres Kindes ging Hans seine übliche Abendrunde mit Trudchen. Das dauerte im allgemeinen eine Viertelstunde. Nach sechs Viertelstunden waren die beiden noch immer nicht zurück. Da ahnte ich, daß sie ihren Spaziergang bis zur Stammkneipe ihrer Junggesellenzeit ausgedehnt hatten. (Trudchen war ein angeheirateter Hund.)

Um Mitternacht säuselte mich eine Männerstimme mit leichtem Zungenschlag aus dem Tiefschlaf. »Tut mir leid, Mütterchen, daß wir erst jetzt kommen. Trudchen hatte noch Durst auf ein Bier.« Jaja, immer armes Trudchen war schuld. »Aber –«, ein beschriebener Bierfilz wedelte vor meiner Schläfrigkeit, »weißt du, was da draufsteht? Die Adresse einer kinderlieben Putzfrau aus dem Osten, das heißt, nicht ihre Adresse, sonder die des Schweizer Professors, bei dem sie arbeitet. Sobald er mit seiner Familie nach Amerika geht, wird sie frei.«

Hans hatte einen Bekannten in der Kneipe getroffen und von ihm diesen wertvollen Tip erhalten mit dem Hinweis, es gäbe bereits sieben feste Anwärter auf die Frau.

Gleich am nächsten Morgen fuhr er nach Dahlem zu Professors, um an dem Konkurrenzkampf teilzunehmen, und kehrte wahrhaftig als Sieger heim. Erst nachdem ich seinen Erfolg genügend bewundert hatte, gestand er, daß er den Sieg nicht ausschließlich seinem Verhandlungsgeschick verdankte. Er war der einzige gewesen, der auf Professors Bedingung eingegangen war: Die Putzfrau kriegt nur derjenige, der die Kindermöbel seines Söhnchens Ruedi dazukauft – »... und wo wir sowieso welche brauchen!«

Ich nannte das Erpressung und ganz gemeinen Sklavenhandel. Wie kamen diese Leute dazu, ihre Putzfrau zu verkaufen? »Hast du sie wenigstens gesehen?« fragte ich.

Nein, hatte er nicht.

Nicht mal das!

Am nächsten Tag wurden die Möbel geliefert. Eine ramponierte Wickelkommode, der ein Bein fehlte. Ein schäbiges Gitterbett mit verpinkelter Matratze, ein Ställchen ohne Boden. Dazu ein Sport- und ein Kinderwagen, Vorkriegsmodelle, sehr wahrscheinlich beim Trödler erstanden.

Mein Tobsuchtsanfall war über zwei Etagen zu hören. Für das Geld, das Hans dafür bezahlen mußte, hätte ich alles neu kaufen können!

»Auch eine Putzfrau, die kinderlieb ist?« fragte er dagegen.

Noch hatten wir sie nicht. Und wer weiß, ob sie wirklich kommen würde.

Eine Woche später – montags früh um acht Uhr fünf – riß mich Sturmklingeln aus dem Bett. Hans und Trudchen machten gerade ihr Karree.

Vor der Wohnungstür stand ein hageres Riesenweib und grinste mich unsicher aus schwarzen Knopfaugen an. Ein Bulligesicht mit leicht eingedrückter Nase, über dem sich schwarzgraue dünne Haare kräuselten. Aus den Ärmeln eines sackartigen, lilablauen Regenmantels schauten arthritisch verformte Schaufelhände, nervös am Verschluß einer kunstledernen Beuteltasche fingernd. Ballen beulten sich wie Erker aus Männerschuhen Größe 43.

»Morgen, ich bin Frau Keller, Ihre neue Putze.«

Wir tranken zusammen Kaffee. Ihre erste Frage war: »Wann kommt's denn?«

»In zirka drei Wochen«, sagte ich.

Das schien sie zu freuen.

Dann zeigte ich ihr die Wohnung, zuletzt das Kinderzimmer. Frau Keller erstarrte. »Das sind ja Ruedin seine Sachen.«

Ich erzählte ihr, wie mein Mann dazu gekommen war.

Sie schlug die Hände zusammen. »Soviel Geld für all den Schrott. Das is doch Wucher! Und dabei hat Ihr Mann mir nich mal gesehen. Der hat doch glatt die Putze im Sack gekauft! Achgottenee – so was! Ich wäre sowieso zu Ihnen gekommen, wegen den Säugling.« Später beschloß sie: »Wissen Se was? Wir pinseln den ganzen Klumpatsch an. Denn sieht er wie neu aus.«

Wir waren beide ebenso zügige wie schlechte Anstreicher. An jedem Gitterstäbchen trockneten Farbtropfen auf.

»Das macht nischt. Die lassen wir dran. Wenn unser Kind erst größer wird, denn hat es was zum Polken. Denn isses beschäftigt.«

Mein Mann fuhr morgens früher ins Büro, um Martha Keller zu entgehen. Er konnte sie nicht ertragen. »Die sieht nicht nur wie 'n Rausschmeißer aus, die klingt auch so. Dieses Organ bei der Lautstärke. Einfach brutal! So putzt sie auch. Silberschalen mit 'nem Topfkratzer! Überall Wasserränder auf dem Parkett. Im Mülleimer habe ich Scherben vom Meißner Porzellan gefunden.« (Was mußte er auch in den Mülleimer gucken.) »Diese Person demoliert noch die ganze Wohnung!«

»Diese Person sagt ›unser Kind‹ und freut sich drauf – und vergiß nicht, du hast sie angebracht«, beendete ich das Gespräch, ehe es zu einem Ehekrach ausarten konnte.

*

14. August 61.

Um sieben Uhr sechsundfünfzig hielt ihr Zug auf der U-Bahn-Station, neun Minuten lief sie bis zu unserer Wohnung. Pünktlich jeden Wochentag um acht Uhr fünf hatte sich ihr Finger in den Klingelknopf gebohrt. Heute bleibt er stumm.

Der Chef schießt mit Vollgas durch die Wohnung. Seit er sein Gitterbett übersteigen kann, habe ich von sieben Uhr früh bis acht Uhr abends keine ruhige Minute mehr vor ihm, auch mittags nicht. Ich kann ihn ja schlecht im Bett anbinden.

Auf dem Herd brodelt ein Kessel mit Windeln. Wir wollten eine Waschmaschine kaufen, als Philip geboren wurde. Tata wollte keine. Wozu? Sie hatte ihre fünf Kinder ja auch ohne Maschine sauber gekriegt. Tata hatte alles im Griff gehabt.

»Tata kommt nicht mehr«, sage ich zum Chef.

»Tata kaputt?« fragt er interessiert.

Sie hat mir einmal gestanden: »Ab Sonntag mittag kribbelt's mir in den Fingern nach unserem Jungen.

Ich kann den Montag kaum abwarten, bis ich ihn wiederhab.«

Von einem Tag zum andern hat sie unendlich viel verloren. Ein Kind, das sie abgöttisch liebt, wie ein eigenes, die Arbeitsstelle bei uns und den Verdienst in gutem Westgeld. Ich spüre ihre verzweifelten Gedanken.

Die einzige, die etwas Positives in der neuen Berlin-Katastrophe zu sehen vermag, ist meine Mutter. Nun kann ihr Tata nicht mehr den Enkel fortnehmen, nun wird sie endlich als Großmutter gebraucht. Ich bringe den Chef zu ihr nach Grunewald und verspreche, ihn erst abends wieder abzuholen.

Auf dem Weg dorthin sehe ich Menschenschlangen vor den Lebensmittelgeschäften. Angsteinkäufe. Man weiß ja nicht, was noch geschieht. Den Dauerwellentermin für elf Uhr sage ich ab. Die Friseuse ist erleichtert darüber. Ihr fehlen zwei Hilfskräfte aus dem Osten. Überall fehlen Angestellte, es haben ja schließlich 52 000 legal im Westen gearbeitet.

Ich stelle mich bei unserem Kaufmann an. Die Stimmung in der Warteschlange ist gedrückt. Jeder dritte hat einen Verwandten oder Freund im Osten. Jeder hat Angst um seine eigene Zukunft. Was wird aus uns, wenn die Westmächte nicht zu ihrem Wort stehen und unsere Freiheit verteidigen? Eine Frau vor mir in der Schlange tönt so laut, daß es alle hören können: »Wir haben die Schnauze voll. Uns reicht's jetzt. Wir hauen ab nach Bremen. Unsere Kinder sollen in Freiheit aufwachsen.«

Diese Mitteilung isoliert sie vom Rest der Wartenden. Jeder von uns möchte, daß seine Kinder in Freiheit aufwachsen. Die Frau kann fortziehen. Wir anderen nicht. Sie gehört nicht mehr zu uns und wird wie eine Aussätzige behandelt.

*

Tata hat ihr Recht auf Leben von klein auf verteidigen müssen, durch Umsichschlagen und -beißen. Hans hatte nicht ganz unrecht, wenn er sie als rabiat bezeichnete. Ich sah in ihr eine Löwenmutter.

Geboren wurde sie in einem kleinen Nest in der östlichen Mark, der Armenstube Brandenburgs. Ihre Mutter starb früh, der Vater heiratete wieder. Die zweite Frau brachte eine Tochter mit in die Ehe. Martha war das Aschenputtel, das für die beiden schuften mußte. Sie sprach von ihrer Stiefmutter nur als von einem hinterrücksichtslosen Reptil, von dem sie nichts Besseres als Schelte und Prügel zu erwarten hatte.

Nun bin ich sicher, daß Martha kein sanftes, braves, lenkbares Kind gewesen ist, aber auch ein kleiner Teufel braucht Liebe und manchmal ein Lob. Der Vater war gut zu ihr, nur war er selten da, um sie zu beschützen – ein Hausierer, der mit Putzmitteln, Bürsten, Kochlöffeln, Nähutensilien und Flaschen voller Wunderelixiere über Land reiste, von Tür zu Tür.

Tata hat mir ein Erlebnis aus ihrer Jugend erzählt: »Da muß ich zwölf gewesen sein. Das Rabenaas wollte mir durchhauen, dabei war ich noch grün und blau vom letzten Mal. In meiner Not habe ich sie und meine Stiefschwester, die olle Petze, in der Kammer eingeschlossen und bin nach die nächste Bahnstation, wo mein Vater immer ausstieg, wenn er nach Hause kam. Ich wußte nicht, wann er kommt, vielleicht mußte ich Tage auf ihn warten. Das war mir egal. Zurück konnte ich sowieso nich mehr, wo ich ihr doch eingeschlossen hatte. Die Olle hätte mir dotgeschlagen. Na, und denn kam der Zug, und wer steigt aus? Mein Vater. Und das war das einzige Wunder in meine Jugend. Auf dem Heimweg guckte er mich so komisch an und sagte, na, Marthchen, du hast doch was. Aber denn hörte er schon die Hexe aus'm Fenster keifen. Er hat ihr verboten, mir zu prügeln, sie hat bloß nie auf ihm gehört. Ein Jahr später isser gestorben, immer die Guten zuerst, und ich stand alleine da. Das war hart.«

*

16. August 61.

Einigen wenigen gelingt noch immer die Flucht durch die Kanalisation, durch U-Bahn-Schächte, Schrebergärten oder schwimmend durch den Teltowkanal. Wenn sie den Westen erreichen, brechen sie zusammen, nicht nur wegen der überstandenen Angst und körperlichen Anstrengung. Es wird ihnen plötzlich klar, daß sie alles zurückgelassen haben, was ihr bisheriges Leben ausmachte. Vielleicht müssen ihre Angehörigen dafür büßen, daß sie geflohen sind.

200 000 Berliner finden sich zu einer Protestkundgebung auf dem Rudolf-Wilde-Platz ein, verstopfen die Nebenstraßen, wohin kein Lautsprecher dringt. Darum stellen Parterrebewohner ihre Radios ins offene Fenster, damit sie Willy Brandts Reden mithören können. Selbstgemalte Plakate schwanken über den Köpfen: »Wir sind schutzbedürftig! Wo bleiben die Schutzmächte?« – »Mit Papier hält man keine Panzer auf.« – »Was muß noch geschehen, damit was geschieht?«

In westlichen Gazetten werden der Mut und die Disziplin der Berliner gerühmt. Mut? Insgeheim hat jeder von uns seine zaghaften Momente am Tag, wo er am liebsten seine Koffer packen und abhauen möchte. Mut ist demzufolge, wenn einem nichts anderes übrigbleibt als auszuharren und abzuwarten.

Was wohl Tata macht? Ich vermisse sie so sehr, nicht nur im Haushalt.

Seit die Ostberliner Putzfrauen nicht mehr herüberkommen können, behandeln sie die Westberliner wie eine Daimler-Benz-Aktie. Sie erhöhen ständig ihren Kurs.

*

Kurz vor Philips Geburt saß ich oft bei Tata in der Küche. Während sie bügelte, erzählte sie aus ihrem Leben.

Mit Vierzehn kam sie zu Bauer Maschke in Stellung. Das waren gute Leute, die sie anständig behandelt haben. Vier Jahre blieb sie bei ihnen, schon wegen Maschkes Neffen Erwin, einem Schlachtergesellen. Er war Tatas große Liebe. Als er nach Berlin ging, um dort in einem Großbetrieb zu arbeiten, versprach er sie nachzuholen, sobald er seinen Meister gemacht hatte. Sein Ziel war eine eigene Fleischerei. Alle paar Wochen kam er zu Besuch.

Tata: »Im ersten Jahr war ich ihm treu wie Gold. Aber eines Tages sagt die Lene, die wo bei Bäcker Niemetz angestellt war, in Beeskow ist großes Tanzvergnügen. Willst du nich mitkommen, Martha? Kannst doch nicht immer rumsitzen und warten, bis Erwin dir mal besucht. Na also, wir beide mit'm Zug nach Beeskow hin. Und was passiert? Ich verkuck mir auf dem Bums in einen schnieken Vertreter für Harzer Roller. Flotter Tänzer. Nächsten Sonnabend bin ich wieder hin und laß mir mit dem ein, ich dumme Kuh. Nu war ich schwanger. Achgottachgott – was nu? Bei Maschkes konnt ich nich bleiben, mit Erwin war's aus, ein Zuhause hatte ich nich mehr. Weil ich ein bißchen was Gespartes auf Kante hatte und gut arbeiten konnte, hat Käsemeier – so wurde er genannt – mir ehrlich gemacht. Nu hatte das Wurm wenigstens 'nen Vater. Aber was für einen! Das war ein Tunichtgut! Ein Suffkopp! Überall Schulden. Wenn ich das vorher gewußt hätte! Was hab ich meinen Erwin nachgeweint, aber ich war ja selber schuld, was mußte ich nach Beeskow aufs Tanzvergnügen. Das einzige, was Käsemeier konnte – er hat mir vier

Kinder in fünf Jahren gemacht. Das waren schlimme Jahre. Die Schufterei auf dem Rübenacker bei sengende Sonne, meine vier kleinen Hosenscheißer immer um mich rum. Ich hatte ja keinen, der auf ihnen aufpaßte.«

Geschichten aus Tatas Leben, begleitet vom dumpfen Aufsetzen des Bügeleisens, ihr rhythmisch sich bewegender, muskulöser, magerer Arm, von starken Adern wie von Flüssen durchzogen. Wäscheduft.

»Und wissen Sie was? Jetzt riecht es morgens schon manchmal nach Herbst und Erde. So roch es immer, wenn ich Kartoffeln buddeln mußte. Und denn stell ich mir die Schmerzen dabei in meine Finger vor und freu mich auf die leichte Arbeit bei Ihnen.«

»Was ist aus Ihren Kindern geworden?« fragte ich sie.

»Was sollte aus den vieren schon werden ohne vernünftige Schulbildung und Lehre? Sie mußten früh arbeiten, genau wie ich. Hätte sie ein besseres Leben gewünscht. Irgendwann sind sie alle weggemacht – eine is nach Cottbus, zwei sind im Ruhrgebiet. Der Älteste is gefallen. Von meine fünf Enkel kenne ich bloß zwei. Die waren mal zu Besuch in Berlin. Weihnachten kriege ich Kartengrüße. ›Liebe Mutter, wie geht es Euch? Wir würden Euch gerne was schicken, aber wir haben selber nüscht.‹ Na ja, wir brauchen auch keine Hilfe, solange ich arbeiten kann. Mein Jürgen« (ein Nachkömmling von inzwischen siebzehn Jahren) »hat all das gekriegt, was die andern vier nich haben konnten, 'nen ordentlichen Schulabschluß und nu die Klempnerlehre. Der Junge is fleißig und ordentlich, der kommt nach mir. Er gibt pünktlich sein Kostgeld ab und versteht sich mit meinen zweiten Mann. Was ich von mir nich immer behaupten kann.«

Wenn sie von ihrem Nachkömmling Jürgen sprach, leuchteten ihre Augen, in ihrer rechten, durchhängenden Wange wurde ein Grübchen sichtbar. Sie war achtundfünfzig, als sie zu uns kam, wirkte aber jünger. Das mochte an ihrem Temperament liegen und an ihrer – trotz allem – Lebensfreude, die sich immer wieder aus dem tiefsten Schlamassel herausbuddelte.

1944 wurde Tata zur Landarbeit dienstverpflichtet. Sie kam auf ein Gut in Pommern. Da besuchte sie Käsemeier auf Urlaub von der Ostfront. »Und was passiert? Dreimal dürfen Sie raten. Ich war wieder trächtig. Mit zweiundvierzig Jahre! Ich schrieb das meine Kinder, die schrieben zurück, Mutter, schämst du dir nich? Du bist doch schon Oma. So'n Quark. Auch Omas sind noch nich aus'm Schneider, auch die haben noch gewisse Bedürfnisse. Sie schrieben auch, ich soll das Wurm wegmachen lassen. Das wird bestimmt ein Kretäng bei so 'ne alte Mutter. Aber das kam nich in Frage. Ich hab mir ja drauf gefreut – endlich wieder was Kleines! Wie wir Anfang 45 auf'm Bahnhof waren beim Kohlenschippen, da ging es los. Ich auf'n Hof und ruf meine Nachbarin zu: Es is soweit! Meine vier anderen Kinder habe ich auch zu Hause jekriegt – alles schwere Geburten, zwei ohne Hebamme. Aber diesmal ging's mir richtig dreckig, die Fruchtblase war schon geplatzt. Frau Baronin hat angespannt, und denn sind wir im Galopp nach's nächste Krankenhaus. Es war höchste Zeit. Ich lag mit sechzehn andere Frauen in einen Saal. Werde nie vergessen, wie die Schwester meinen Jürgen aus Versehen eine andere Wöchnerin in den Arm gelegt hat. Die schrie wie am Spieß, igitt, was ist das häßlich, das ist nicht mein Kind, und ich schrie: ›Geben Sie ihn sofort her! Das is meiner und ich find ihn schön!‹ – Bald darauf kamen die Russen. Frau Baronin haben sie erschlagen, wie ich später erfahren habe. Da war ich mit meinen Kleenen schon auf der Flucht nach Berlin. Der wimmerte vor Hunger, ich hatte ja nich genügend Milch – aber nu will ich Ihnen nich die ganze Flucht erzählen, sonst bin ich heute abend noch nicht fertig. Bloß eine Geschichte müssen Sie noch hören. Das war so kurz vor Angermünde, da konnte ich nich mehr weiter. Ich dachte, nun is alle. Kaputte Füße und Grippe und Jürgen seit drei Tagen Dünnpfiff. Ich dachte, wenn der krepiert, dann legste dir mit ihm in'n Wald und wartest, bis de selber dot bist. Aber nu kommt's. An eine Kreuzung standen zwei Panzer, die kamen nich weiter wegen dem Flüchtlingsstrom und wollten gerade aufs Feld abbiegen. Oben aus den Luken guckten die Fahrer, einer hatte keine Mütze auf und kam mir so bekannt vor, und ich denke, Martha, nu spinnste, nu biste schon im Delirjum – trotzdem habe ich ›Heini‹ jebrüllt, und der Panzerfahrer guckt nach mir, und er war wirklich mein Ältester. Das war das zweite Wunder in mein Leben. Ich durfte vorn auf'm Panzer sitzen, er hat mir bis zur nächsten Sanitätsstelle mitgenommen. So habe ich meinen Heini noch mal gesehen, und er hat seinen Bruder Jürgen kennengelernt. Drei Wochen später isser gefallen.«

Tatas Baby war zu schwach für eine Fortsetzung der Flucht Richtung Westen. Es kam auf die Kinderstation des nächsten Krankenhauses, sie selbst arbeitete dort in der Küche, als die Russen den Ort eroberten. »Es hat die Kerle nich gestört, daß ich so'n ausgemergeltes Reff war. Ich mußte mehrmals dran glauben.«

Jürgen war gerade ein Vierteljahr alt, als sie merkte, daß sie schon wieder schwanger war. »In meine Not fiel mir mein Kusäng in Pankow ein. Da bin ich denn hingemacht. Ich kann nich gerade behaupten, daß sie vor Freude gesprungen sind, wie ich vor ihre Laube stand. Aber sie mochten mir wegen dem armen Wurm, dem Jürgen, nich wieder wegschicken. Mein Kusäng hatte ein abbes Bein vom Krieg, und seine Frau war auch nich gesund. Ich habe bei Ihnen im Schuppen gehaust und ihren Garten bestellt, hatten wir wenigstens Gemüse. Im dritten Monat ging mir der kleene Russe ab. Da war ich man sehr erleichtert. Es war damals schon schwer genuch mit ein Kleinkind, wenn man nüscht zu futtern hatte.«

Als der Herbst kam, konnte Tata nicht länger im unheizbaren Schuppen wohnen. Sie zog zu einer Trümmerfrau, die sie bei Aufräumungsarbeiten kennengelernt hatte. Von ihren Kindern hatte sie inzwischen Nachricht, nur Käsemeier blieb verschollen. Erst 1947 erfuhr sie von einem seiner ehemaligen Kriegskameraden, daß er in Fürstenwalde bei einer Witwe lebte, die hatte einen kleinen Fuhrbetrieb. »Na, ich also hin. Da war Polen offen. Das können Sie mir glauben. 48 sind wir geschieden worden.«

Jürgen lieferte sie morgens im Kinderhort ab, bevor sie putzen ging. Manchmal hatte sie drei Stellen auf einmal. Im Jahre 1950 begegnete sie Erwin wieder, ihrer ersten große Liebe. Sein Geschäft war noch 45 ausgebombt worden, seine Frau vor einem Jahr gestorben, die Ehe kinderlos geblieben. Erwin Keller verdiente gutes Geld als Fleischermeister in einem Westberliner Großbetrieb. »Er suchte dringend 'ne neue Frau. Da kam ich gerade richtig. Auf einmal hatte ich 'nen ordentlichen Mann, eine Zweieinhalb-Zimmer-Altbauwohnung am Prenzlauer Berg, 'ne Datscha im Grünen und Jürgen einen guten Vater. Ich sagte mir, Martha, nu haste ausgesorgt. Das is das dritte Wunder in dein Leben. Habe ich gedacht, aber war nich. Kaum sind wir ein Jahr verheiratet, verunglückt Erwin in unsere Straße mit'n Fahrrad. Sechs Monate lag er im Krankenhaus, denn wurde er als arbeitsunfähig entlassen. Nu mußte ich für drei malochen. Manchmal glaube ich, ich bin mit'n falschen Fuß zuerst auf die Welt gekommen.«

*

17. August 61.

An der Grenze entlang wird eine hohe Betonmauer errichtet. Die Arbeitskolonnen der Maurer werden von Volkspolizisten bewacht, damit sie nicht etwa auf die Idee kommen, in den Westen zu türmen. Die Vopos wiederum werden von ihren Offizieren bewacht, nachdem einige von ihnen den Sprung nach drüben gewagt haben.

Gleichzeitig drängt es den Vorsitzenden der DDR, Walter Ulbricht, in pastoralem Sächsisch den »prächtigen Söhnen und Töchtern unserer Werktätigen, die gegenwärtig Uniform tragen, den prächtigen Jungen in der Volksarmee und in der Volkspolizei, den Unteroffizieren, Offizieren und Generalen unserer bewaffneten Kräfte im Namen des Staatsrates, im Namen der Regierung der Deutschen Demokratischen Republik und im Namen der Partei der Arbeiterklasse herzlichen Dank zu sagen. Sie haben die erfolgreiche Aktion vom 13. August hervorragend und diszipliniert, mit großartigem Kampfgeist und großartiger Moral durchgeführt.«

Ja, wie steht es denn um die großartige Moral, wenn einer den anderen bewachen muß, weil einer dem anderen nicht mehr trauen kann?

Inzwischen sperrt Ulbricht auch die Zonengrenzen. DDRler, die noch hinüber wollten, werden aus den Zügen geholt und zurückgeschickt. Ob Tata meine Karte gekriegt hat?

*

Kurz vor Philips Geburt mehrten sich die Nachrichten über Säuglinge, die mit schweren Behinderungen geboren wurden, ohne Beine oder Arme. Hände und Füße waren direkt am Rumpf angewachsen. Noch kannte man nicht die Ursache, das Medikament Contergan, das besonders schwangeren Frauen als »völlig ungefährliches Mittel« bei Schlafstörungen und Unruhezuständen vom Arzt verschrieben worden war. Mein Baby hatte sich während neun Monaten nur ein einziges Mal schwach bemerkbar gemacht. Vielleicht konnte es nicht strampeln, weil es auch keine Ärmchen und Beinchen hatte?

Meine Angst ließ mich nicht mehr schlafen. Alle versuchten mich zu beruhigen.

»Nun mach dich nicht verrückt, Mütterchen, wird schon alles dran sein, bestimmt«, versicherte mein Mann und rauchte dennoch vor Nervosität das doppelte Quantum.

Tata nahm mich einmal in den Arm und tröstete mich auf ihre Weise: »Und wenn's 'n kleiner Krüppel wird, denn haben wir ihn genauso lieb.« Ich glaube, sie war unfähig, sich das Schicksal eines schwerbehinderten Kindes über das Säuglings- und

Kleinkindalter und unsere Fürsorge hinaus vorzustellen.

Philips Geburt war ein Alptraum. Er kam nicht durch die Tür, der Ausgang war zu schmal für seinen Dickschädel. Er hatte schon minutenlang keine Herztöne mehr, ehe sich der Arzt zu einer Zangengeburt entschloß. Nach seinem gewaltsamen Eintritt ins Berliner Leben war sein Köpfchen anfangs total verbeult. Aber er war nicht contergangeschädigt, obgleich ich das Mittel in den ersten drei Monaten der Schwangerschaft, in denen es zu Mißbildungen führte, täglich geschluckt hatte. Es war alles an ihm dran und an der richtigen Stelle, und unsere Erleichterung und Dankbarkeit unbeschreiblich.

Tata konnte es kaum abwarten, bis wir endlich die Klinik verlassen durften. Sie kam nun täglich von Montag bis Sonnabend und hatte nur eine Sorge: daß ich mich zu rasch von den Folgen der schweren Geburt erholen und ihr die Säuglingspflege abnehmen könnte.

Sie war nun mal süchtig nach Babys. Ich glaube, sie klammerte sich so sehr an ihre Hilflosigkeit und Unschuld, um nicht den Glauben an das Gute und Reine zu verlieren nach all den Enttäuschungen, die ihr Erwachsene zugefügt hatten, selbst ihre eigenen Kinder, als sie groß genug waren, um ohne Mutter auszukommen.

*

19./20. August 61.

Was für ein Wochenende!

Kennedy hat seinen Vize Johnson nach Berlin geschickt, um unser bröselndes Rückgrat zu kitten. Mit ihm ist General Clay gekommen. Als die Sowjets die Blockade über West-Berlin verhängten, war er Militärgouverneur und der Initiator der Luftbrücke, die zwei Millionen Westberliner ein Jahr lang aus der Luft ernährte. Beide haben uns Amerikas Beistand zugesichert und die Unantastbarkeit unserer Freiheit. Am Sonntag trafen schwerbewaffnete amerikanische Truppen zur Verstärkung der hier stationierten Soldaten ein.

Halb Berlin stand Sonnabend wie Sonntag am Straßenrand, winkte, brüllte, hupte und schmiß Blumen auf die Ankömmlinge zur Begrüßung. Wir standen auch an, mit Philip auf dem Arm. Trudchen mußte im Auto bleiben. Sie war gerade läufig.

Von unserer Bonner Regierung hat sich noch keiner sehen lassen.

In der Ostzone soll der Stacheldraht ausgehen. Bauern, die ihre Viehweiden einzäunen möchten, erhalten keinen mit der Begründung: Ein freilaufender Bulle kann nicht so gefährlich werden wie ein Strauß! Womit unser Verteidigungsminister gemeint ist.

Es heißt, die DDR importiert jetzt westlichen Draht, um West-Berlin einzuigeln. Das ist doch alles Wahnsinn!

*

Während Tata den Chef badete, saß ich auf dem Klodeckel daneben und schaute ihr zu. Eine ihrer knorrigen Pranken stützte voll zärtlicher Behutsamkeit sein Köpfchen. Die andere seifte ihn ein. Dabei erzählte sie vom Aufstand der Ostberliner Arbeiter gegen das SED-Regime am 17. Juni 1953. Sie forderten dessen Rücktritt und freie Wahlen. Es begann mit Demonstrationszügen, die zu Straßenschlachten zwischen der Bevölkerung, Volkspolizei und der Armee ausarteten. »... und icke immer mittenmang. Aber wir hatten ja keine Schangse. Die kamen mit Bajonette und Panzer, und was hatten wir? Bloß Pflastersteine und unsern Haß. Na schön, ich hatte noch unsern Hammer mitgebracht. Den habe ich einem Vopo auf die Birne jeknallt, wie er mir verhaften wollte, der is umjefallen wie'n nasser Sack. Nu mußte ich türmen. Einen Freund von uns – einen Anführer von die Bauarbeiter – ham se gekriegt und dotjeschossen. Noch tagelang hinterher hab ich mir im Schrank versteckt, wenn's an unsere Tür bummerte. Ich dachte, nu holen sie mir ooch. Aber es kam nüscht nach, Gott sei Dank, bis auf den Ärger mit meinen Ollen wegen seinen Hammer. Den hatte ich beim Türmen weggeschmissen. Nu mußte er immer beim Nachbarn pumpen, wenn er einen brauchte.«

Dieselben Pranken, die meinen kleinen Sohn wie in Abrahams Schoß wiegten, hatten einen Vopo mit dem Hammer betäubt. Tata war schon ein Berserker, ein Urviech, eine Löwin, wenn ihr Zorn den Verstand ausschaltete.

*

22. August 61.

Johnson und Clay sind wieder abgereist. Der Optimismus, den ihre Zusicherungen in uns aufgebaut haben, weicht neuen Sorgenmeldungen. Die Betonmauer durch Berlin wächst und wächst. Die Gleise der Fernzüge und S- und U-Bahnen zwischen Ost und West sind zerstört oder auseinandergenommen, Grenzgewässer zu Sperrzonen erklärt. In einem Ort im Randgebiet von Ost-Berlin sollen sämtliche Einwohner, die bisher im Westen angestellt waren, ohne Rücksicht auf ihren Beruf in ein Zementwerk dienstverpflichtet worden sein.

Zu Tausenden gehen Westberliner zu Fuß durch die Grenzstationen, um Verwandte drüben zu besuchen. Dabei sind sie schikanösen Kontrollen ausgeliefert.

Bei uns klingelt ständig das Telefon. In ihren Urlaubsorten im Ausland haben Freunde die Berlin-Meldungen nicht so ernst genommen. Zurückgekehrt in unseren Kessel, sind sie entsetzt. Fluchtgedanken als erste Reaktion, verstärkt noch durch den Anblick der vielen Möbelwagen, die durch die Stadt Richtung Kontrollpunkt Dreilinden gen Westdeutschland rollen. Das steckt an. Die Grundstückspreise sinken rapide.

Auch wir sitzen Nacht für Nacht und diskutieren. Hans hätte eine Möglichkeit, nach Düsseldorf zu gehen. Im Grunde möchten wir gar nicht fort. Nie hängt man so sehr an dieser »Frontstadt« wie in Krisenzeiten und vor allem an diesem starken Zusammengehörigkeitsgefühl der durch die gleiche Angst und Sorge verbundenen West-Berliner.

Während ich mein Tagebuch schreibe, spielt unter meinem Fenster ein Leierkastenmann »Wann werden wir uns wiedersehn am grünen Strand der Spree...«

23. August 61.

Endlich ein Brief von Tata.

»Mein lieber, kleiner Chef,
ich habe Deine Zeilen mit großer Freude erhalten und mit viel viel Tränen gelesen und dennoch war es ein Zeichen der Verbundenheit. Ich war sehr krank vor Kummer. Jetzt geht es schon. Nur einmal tüchtig drücken möchte ich Dir, mein süßer kleiner frecher Chef. Deine Striche auf der Karte sehe ich mir jeden Tag an und versuche mir deine kleinen Hände vorzustellen. Nun will ich schließen. Sei vielmals gegrüßt und tausendmal geküßt von deine immer an dich denkende Tata.«

Es folgten Grüße an uns und alle, die sie bei uns kennengelernt hatte.

Ein Brief voller Herzeleid. Tata hatte einmal wieder ein Kind verloren.

Das war der Beginn des Mauerbaus und der Abschied von Martha Keller. Der Chef fragte in der ersten Woche täglich nach ihr, dann immer seltener. Das Leben in der getrennten Stadt begann sich auf beiden Seiten zu normalisieren. Als ich einmal ein Päckchen für Tata packte, legte er ein Spielzeug mit hinein und fünf Gummibärchen, was ihm nachträglich als zu großzügig erschien, weshalb er zwei wieder herausnahm.

Tata putzte inzwischen in einem volkseigenen Betrieb. Ich habe leider nur zwei ihrer Briefe aufgehoben, einen aus dem Jahre 63, in dem sie mir Jürgens Verlobung mitteilte.

»Es ist ein armes Mädchen, auch keine Schönheit, aber das spielt ja keine Rolle. Die Hauptsache das sie sauber ist und fleisig und ein anständiger Karakter und der Jürgen liebt sie.«

Und 1965: »Die Frau von Jürgen ist so eifersüchtig. Sie läst mir nicht an meinen Enkel ran. Das tut weh. Sie kommen auch selten vorbei. Mein Mann wohnt in der Laube. Nun bin ich allein in der Stadt. Meinen Geburtstag haben sie alle vergessen. Ich hatte eine Torte gebacken. Habe ich eine alte Frau aus dem Haus eingeladen. Der hat sie geschmeckt. Ja so ist das Leben.

Ich habe wieder so viel gelacht über Philip seine Ausdrucksweise. Das er sich nicht mehr an mir erinnern kann, das glaube ich gerne. Ich möchte ihn so gerne einmal sehen und sprechen hören.« Und dann hatte sie noch einen Wunsch: »Könnten Sie mir ein paar Wollhandschuhe schicken? Ich habe mir welche gekauft aber es ist keine Wolle und mich frieren morgens wenn ich zur Arbeit gehe schrecklich die Hände. Ich habe schon nach meine Kinder in Westdeutschland geschrieben wegen Handschuhe aber sie haben nicht geantwortet.

Nun möchte ich schließen und nochmals für alles Liebe danken und drücken Sie bitte den Jungen für mich von seine Tata.

Ihre Tata.«

Anfang 1966 erhielt ich auf ein Päckchen keine Antwort mehr aus der Hagenauer Straße am Prenzlauer Berg. Ich beließ es leider dabei, ohne Nachforschungen anzustellen. Die Gegenwart nahm damals meine Gedanken völlig in Anspruch, und Tata war schon so lange her. Die Erinnerung an sie schlief ein, bis ich eines Tages bei einem Umzug ihre Briefe und meine Aufzeichnungen wiederfand.

Ganz zu Anfang unserer Freundschaft brachte sie einmal ein Jugendfoto von sich mit. Da steht sie auf langen, staksigen Beinen vor Bauer Maschkes Hauseingang. Sie bindet sich gerade die Schürze ab. Und lacht. Damals war sie in Erwin verliebt. Ein bezauberndes Mädchen, wild und stark wie ihre schwarzen, krausen Haare. Mit Grübchen in den Wangen, mit einer hübschen Nase, die noch kein herabfallender Balken zertrümmert hatte.

Sie war so voller Kraft und Lebensfreude.

Ich beende Tatas Geschichte, soweit sie mir bekannt ist, mit ihrer Lebensphilosophie, die sie mir einmal beim Fensterputzen, begleitet vom Quietschen des Lederlappens, kundgetan hatte.

»Das Schlimmste ist Selbstmitleid. Wenn man erst mal anfängt, sich zu bedauern, kommt man nicht wieder die Leiter rauf. Ich hab mir immer zu helfen gewußt.« Und fügte bedeutungsvoll hinzu: »Denn wer sich nicht zu helfen weiß, der ist es auch nicht wert, daß er in Schwierigkeiten gerät.« (1992)

Das Billigangebot

An einem Frühlingsmorgen beim Frühstück las ich in der Starnberger Beilage der »Süddeutschen Zeitung« folgende Notiz:

> Ein Tankzug aus Italien mit 19000 Liter Wein stürzte gestern mittag gegen 12.30 Uhr in der Kurve Moosstraße/Petersbrunner Straße in Starnberg um. Nach Angaben der Polizei war das Fahrzeug ins Schleudern geraten. Der 24jährige Fahrer Giuseppe L. kam mit dem Schrecken davon. Der geschätzte Sachschaden beläuft sich auf 152000 Mark. Obwohl die sofort alarmierte Starnberger Feuerwehr das kostbare Naß in großen Bottichen aufzufangen versuchte, versickerten etwa 3500 Liter Weißwein aus dem Anbaugebiet Frascati in Gullys und in die Versitzgruben der Kanalisation. Rund 15500 Liter pumpte die Feuerwehr in einen anderen Tankzug um. Weil der Wein dabei durch Erdreich und Splitt leicht verunreinigt wurde, kann er nicht mehr abgefüllt und im Laden verkauft wer-

den. Per Fernschreiben erklärte sich der italienische Weinhändler deshalb bereit, den Liter weit unter dem Verkaufspreis (sechs bis acht Mark) für 50 Pfennig abzugeben. Wer an dem Angebot interessiert ist, kann heute ab 10 Uhr zum Parkplatz der Kfz-Zulassungsstelle an der Petersbrunner Straße kommen, wo der Tankzug abgestellt wurde. Behälter sind mitzubringen. Auf Anfrage erklärte Dr. Kurt Käfer vom Gesundheitsamt Starnberg, daß der Wein voll genießbar ist, wenn man ihn durchfiltert.

Auf dem dazugehörigen Foto sah man den umgestürzten Tankwagen und mehrere Feuerwehrleute beim Auspumpen des Weins in große Henkeleimer. Die Sache erschien mir vielversprechend. Ich rief einen Bekannten an und schilderte ihm den Tankunfall.

»Fünfzig Pfennig für einen Liter, der sonst sechs bis acht Mark kostet? Das muß Qualitätswein sein«, was ihn weit mehr erregte als der leichte Zusatz von Erde und Splitt. Wozu gab es schließlich Filter!

»Meinst du, ich soll ein paar Flaschen mitnehmen?«

»Was heißt paar Flaschen? Das mußt du im großen Stil angehen. Besorge Gallonen. Gleich eine für mich mit!«

Wo kriegte ich auf die schnelle Gallonen her? Vielleicht hatte meine Freundin Carola welche. Sie war ganz erschrocken, um acht Uhr einen Anruf von mir zu erhalten, wo ich doch sonst kein Frühredner bin.

»Ist was passiert?«

»Hast du zufällig eine Gallone?«

Und sie: »Wieso? Hast du ein Schiff?«

»Keine Galionsfigur. Eine Gallone ist ein Litermaß, glaube ich. Lies mal den Starnberger Teil von der ›Süddeutschen‹ – den Text unter dem umgestürzten Tankzug. Ich warte solange.«

Nach drei Minuten war sie wieder am Telefon. »Danke, daß du mich angerufen hast. Da müssen wir hin. Wieviel faßt denn so eine Gallone?«

»Keine Ahnung. Guck mal im Lexikon nach. Ich bleib dran.«

Sie kehrte mit Band G zurück und las mir vor: »›Gallone. Angelsächsisches Hohlmaß. USA: 3,785 Liter, England: 4,546 Liter.‹ So große Behälter habe ich nicht. Aber leere Flaschen. In zehn Minuten hole ich dich ab.«

In der Zwischenzeit wuchtete sie ein Tragl mit leeren Liter-Cocaflaschen aus dem Keller in die Küche, spülte sie heiß aus, sammelte die Verschlüsse in ihrer Schürzentasche, behielt die Schürze gleich um, nahm – umsichtig, wie sie war – noch einen Trichter mit und verstaute alles in ihrem Kombi. Ich sagte meine Massage ab und stand bereits mit Körben voll leerer Weinflaschen vor unserer Garage, als sie vorfuhr. Ob ich auch Korken hätte, fragte sie.

Leider nicht. Die schmiß ich immer weg.

»Und wenn die vollen Flaschen in meinen Kofferraum kippen?«

»Dann brauchst du ein neues Auto.«

Also Korken besorgen. Während Carola im Halteverbot parkte, hüpfte ich wie ein verscheuchtes Huhn zwischen Stoßstangen hindurch über den Damm ins Starnberger Kaufhaus. Und wieder zurück. Keine Korken.

»Sag bloß, die sind schon ausverkauft! Das kann ja heiter werden.«

Auf dem direkten Weg zum TÜV, wo der Weinausschank stattfinden sollte, kamen uns gewisse Bedenken. Wenn man uns in der Warteschlange erkennen würde. Wenn man herumerzählte, daß auch wir nach verunglücktem Billigwein angestanden haben.

»Was wird wohl dein Mann dazu sagen?«

»Der tobt, aber das macht nichts.«

Auf dem Vorplatz vom TÜV erwartete uns keine Käuferschlange mit Eimern und Flaschen. Kein Weinausschank. Kein gar nichts.

»Ich geh mal rein«, sagte Carola und betrat das Gebäude in Schürze mit ausgebeulten Taschen voller Flaschenverschlüsse. Kam wieder heraus, Gesicht wie ein roter Ballon. Stieg ein. Gab Gas. »Na und? Wie war's?«

»Der erste, den ich gefragt habe, hat gedacht, ich will ihn verschaukeln. Der zweite hat gegrinst und gefragt, ob ich heute schon mal zufällig aufs Datum geschaut hätte.«

»Wieso, welchen haben wir denn?«

»Den ersten April.«

Au backe. Also darauf wäre ich nicht gekommen.

Auf der Heimfahrt – in jeder Kurve schepperten anzüglich die leeren Flaschen hinter uns im Kofferraum – kriegten wir einen Lachkoller. Carola brauchte Scheibenwischer für ihre tränenden Augen.

Ich sagte: »Wenn sie was von Rotwein geschrieben hätten, wäre ich gar nicht erst hingefahren. Rotwein vertrage ich nicht.«

Carola brachte mich nach Hause. Gemeinsam lasen wir noch einmal die Zeitungsnotiz. Klang schon sehr überzeugend.

Sie beschloß, Dr. Käfer vom Gesundheitsamt anzurufen, der den Wein als voll genießbar attestiert hatte.

»Aber sag nicht, wer du bist«, warnte ich sie.

Das hatte sie auch nicht vor. Sie wollte sich mit meinem Namen melden. Was ich verhinderte.

Im Gesundheitsamt wußte niemand etwas von einem Attest für umgekippten Wein. Carola hielt mir den Hörer hin, damit ich das Johlen hören konnte.

Aber so schnell gab sie nicht auf und wählte auch noch die Nummer der Polizei. Ob zufällig ein Weintankzug in Starnberg umgekippt wäre. Gegenfrage des Polizisten: »Wieso? Brauchen Sie welchen?«

Nun waren wir bestürzt. Es konnte doch nicht möglich sein, daß wir beide die einzigen Deppen waren, die auf diesen Aprilscherz hereinfielen. Abgesehen von dem Bekannten natürlich, der die Gallone ins Gespräch gebracht hatte.

Wenigstens unsere stadtbekannten Saufpenner hätten danach anstehen müssen. Auch wenn sie nicht die »Süddeutsche« lasen – so was spricht sich doch rum!

Carola fuhr vier Häuser weiter nach Hause. Begegnete dort ihrem ältesten Sohn, bei dem die letzten beiden Schulstunden ausgefallen waren. Ob sie schon was zu essen hätte, fragte er. Natürlich hatte sie noch nicht gekocht. Wann denn?

Dafür gab sie ihm den Starnberger Teil der »Süddeutschen« und zeigte auf die Weintanknotiz. »Lies das mal.«

»Mami«, sagte er danach, »gib mir deine Autoschlüssel – da muß ich sofort hin. Hoffentlich ist noch nicht alles verkauft.« Und schon in der Tür: »Aber ich brauche Gefäße!«

»Es steht zufällig ein Tragl mit Colaflaschen im Kofferraum, die ich fortbringen wollte«, sagte Carola hinter ihm her.

Uns beide schickt so schnell nicht wieder jemand in den April, uns nicht.

Im nächsten Jahr standen wir gemeinsam nach billigen Fernsehern an, aber diesmal in einer langen Schlange. Da waren wir wenigstens nicht die einzigen, die hereingefallen waren. (1984)

Glück

Wir saßen beim Wein und schauten dem Abend zu, der sich mit dem Dunkelwerden Zeit ließ. Erst hörten die Vögel auf zu singen, dann ging der Himmel langsam aus, zuletzt verlöschten die Lichter zwischen den Bäumen am Ende der frischgemähten Wiese, und nichts war mehr zu sehen als vereinzeltes Sternflimmern zwischen schwarzen ziehenden Wolken. Eichendorff fiel mir ein:

»Es schienen so golden die Sterne
Am Fenster ich einsam stand
Und hörte aus weiter Ferne
Ein Posthorn im stillen Land.«

Wiesenduft und Stille lösten kleine Glücksgefühle in uns aus.

»Glück«, sagte ich zu B., »was fällt dir dazu ein?«

Und er: »Kommst du schon wieder mit deinem Begriffespiel. Kannst du nicht mal in Ruhe diesen Abend genießen?«

»Nun sag schon.«

»Also gut. Es gibt das große und das kleine Glück.

Das große Glück ist unsere Liebe, das kleine wäre, wenn du jetzt vielleicht der Stille zuhören würdest.«

»Hast ja recht. Trotzdem. ›Glücklich ist, wer vergißt, was nicht mehr zu ändern ist.‹ Nun du –«

Resigniert spielte B. mit, was blieb ihm anderes übrig. »›Ohne Glück kann man nicht mal ein guter Spitzbube sein.‹ Lessing.«

»›Glück ist heutzutage, wenn man mit hundert fünfzig Stundenkilometern im neugekauften Auto durch die innere Leere fährt.‹«

»Wer das gesagt hat, muß länger her sein. Die Geschwindigkeit ist heute größer – die innere Leere wohl auch.«

»›Glück kann man nicht erzwingen.‹«

»›Glück hat auf die Dauer doch zumeist wohl nur der Tüchtige.‹ Von Moltke, glaub ich.«

»›Lieber eine Handvoll Glück als ein Haufen Verstand‹, ›Glück hat selbst der Dümmste‹.«

»›Glück und Glas, wie leicht bricht das!‹«

»Man sagt immer, ›was für ein Glück, daß es nicht noch schlimmer gekommen ist‹.«

B. zitierte dagegen ein jüdisches Sprichwort: »›Gott soll einen hüten vor allem, was noch ein Glück ist.‹«

»Dennoch ist das Glück im Unglück vielleicht das wichtigste Glück.«

»›Glücklich ist, wer vergißt...‹«

»Das hatten wir schon.«

B. fiel so aus dem Stegreif nichts mehr ein, auch mein Vorrat an schlauen Sprüchen hatte sich beinahe erschöpft, bis auf: »›Manche Menschen suchen so lange in ihrem Glück herum, bis sie ein Haar darin gefunden haben.‹«

Nach längerem Überlegen wurde auch B. noch einmal fündig:

»›Und doch, welch Glück, geliebt zu werden!
Und lieben, Götter, welch ein Glück!‹«

Er meinte den jungen Goethe auf dem Höhepunkt seiner Liebe zu Friederike Brion.

Schwere Tropfen fielen in die Stille. Wir standen auf und gingen durch den dichter werdenden Regen zum Haus zurück.

Dabei fiel mir noch ein Wort von Maeterlinck ein: »›Gewöhnlich ist es nicht das Glück, das uns fehlt, sondern das Wissen, was Glück ist.‹ Und darum laufen ihm wohl manche Menschen ein Leben lang vergebens hinterher.« (1993)

»Ich bin ein freier Mensch«

Es war im Mai 68 zur Zeit der Studentenunruhen. Sie forderten Reformen an den Universitäten und protestierten gegen die Verabschiedung einer Notstandsverfassung, in der sie eine Bedrohung unserer demokratischen Grundrechte sahen. Hunderte begleiteten ihre Demonstrationszüge durch die Stadt.

In Berlin war so richtig was los und die Notstandsgesetze in aller Munde. Die wenigsten hatten sie gelesen, redeten aber mit.

Ich kannte sie auch nicht so genau, war aber voll auf der Seite der Studenten. Bei einer Auseinandersetzung zwischen Demonstranten und Polizei geriet ich in den Bereich eines Wasserwerfers. Fuhr klitschnaß nach Hause und begegnete leider vorm Gartentor meinem Mann, der mich von oben bis unten musterte: »Warste duschen? Das haste nun davon.« Ich ließ ihn wortlos stehen und tröpfelte ins Haus.

Gleich darauf bog Philip (8) mit zwei Kumpeln (auch 8), von der Schule heimkommend, im Kampfschritt um die Straßenecke und ging ebenso wortlos an seinem Vater vorbei ins Haus. Seine Kumpels verzichteten auch aufs Grüßen, bedachten ihn nur mit einem vernichtenden Blick. »So'n konservativer Typ ist bestimmt auch für die Notstandsverfassung«, sagte der eine zum andern. Aus Zeitmangel konnte sich mein Mann mit ihnen in keine Diskussion einlassen und bestieg nichtsbegreifend sein Auto.

Ich war schon im Bademantel und trocknete gerade meine Haare, als Philip hereinkam und sich breitbeinig vor mir aufbaute: »Damit du es weißt, ich ziehe aus.« Er ließ mir nicht einmal Zeit, nach dem Warum und Wohin zu fragen, sondern fügte als Erklärung hinzu: »Ich bin ein freier Mensch und kann tun und lassen, was ich will. Wo ist mein Koffer?«

Im ersten Moment war ich einigermaßen verblüfft, dann fing der Fall an, mich zu interessieren. Gemeinsam holten wir einen Koffer aus der Kammer und standen nun vor Philips Kleiderschrank.

»Ziehst du für lange?« fragte ich, und er: »Ich bin ein freier Mensch –«

»Ja, das sagtest du schon –«

»- und kann so lange wegbleiben, wie ich will.«

»Okayokay. Es geht ja bloß darum, wie viele Socken und Unterhosen du mitnehmen willst.«

Meine Reaktion schien ihn zu irritieren. Er hatte wohl mütterliche Proteste, dramatisches Wehklagen erwartet. Statt dessen half ich ihm beim Packen. Nun war er verunsichert. Dagegen half das Kampfgebrüll seiner Kumpel am Zaun:

»Ho Tschi Minh –

Philip komme runter!

Laß dir nichts gefallen!!

Ho – Tschi – Minh.«

Es baute Philips Entschluß, sein Elternhaus zu verlassen, wieder auf. »Erst mal für 'ne Woche. Ich kann ja neue Wäsche holen, wenn die dreckig ist.« Und rief aus dem Fenster: »Ich muß noch packen!«

Seine beiden Kumpel waren die Söhne eines Professors, der die Studenten im Kampf um Reformen an den Universitäten und gegen die Notstandsverfassung maßgeblich unterstützte. Daher wehte also der Protest.

Ich legte noch Jeans und Pullover auf den fertiggepackten Koffer, schloß den Deckel. »So, mein Sohn, jetzt kannst du gehen. Darf ich fragen, wohin du ziehst?«

»Ho Tschi Minh –

Philip komme runterr...«

»Zu Professors.« Er zog seinen Koffer vom Bett. Irrte ich mich, oder bereute er bereits seinen Entschluß?

»Dann brauch ich ja auch noch Geld«, fiel ihm ein.

»... Laß dir nichts gefallennn!!!

Ho Tschi Minh!«

»Natürlich.« Ich verließ das Kinderzimmer, um meine Brieftasche zu holen.

Philip kam mir nach.

»Weiß der Professor schon, daß du von jetzt ab bei ihm wohnen wirst?«

»Nö – das haben wir erst in der großen Pause durchdiskutiert.«

(»Durchdiskutieren« war ein Schlagwort der 68er Studentenbewegung.)

»Ho Tschi Minh...«

»Mensch, hört doch auf, ich komm ja gleich«, brüllte Philip dagegen an.

»Also dann.« Ich gab ihm die Hand und biß mir die Backen innen wund, um nicht zu lachen. »Alles Gute, und laß dich ab und zu mal bei uns blicken.«

»Ja, tschüs.« Lustlos trabte er die Treppe hinunter. Drehte sich noch einmal um. Anklagend: »Dir isses wohl piepegal, ob ich ausziehe oder nich!?«

»O nein, ich bin sehr, sehr traurig. Aber du bist ein freier Mensch – dein Wille ist mein Himmelreich.«

Sollte ich ihn wirklich ziehen lassen und gespannt den abendlichen Anruf des Professors abwarten, der in einem mutterlosen Haushalt nun auch noch einen dritten Knaben am Halse hatte, den er dringend wieder loswerden wollte? Oder sollte ich das sagen, was Philip so gerne hören wollte: Bleib hier, du willst doch gar nicht weg. Das ganze Unternehmen ist so bescheuert, daß man nur drüber lachen kann, sonst hätte ich ja auch nicht mitgespielt. Beweis deinen Freunden auf andere Weise, daß du ein freier Mensch bist, was immer du darunter verstehst. Bisher hast du dich nie über Zwang beklagt oder sahst deine demokratischen Grundrechte bedroht. Wahrscheinlich haben sie dir das eingeredet.

Über dem Treppengeländer hängend, sah ich seinem mageren Rücken nach, spürte sein großes Selbstmitleid…

»Ach, übrigens«, fiel mir ein – er schaute erwartungsvoll hoch –, »ich war heute auf einer Studentendemonstration.«

Ungläubiges: »Du? Ehrlich?«

»Wenn ich's dir sage. Im Bad liegen noch meine nassen Kleider.«

Seine Augen leuchteten auf. »Etwa von Wasserwerfern?«

»Wovon sonst? Es hat ja nicht geregnet.«

Philip stellte seinen Koffer ab und sprang erleichtert die letzten Stufen hinunter. »Ich sag bloß draußen Bescheid«, und rannte zum Gartentor.

»Ho Tschi Minh« verstummte. Philips Kumpel zogen ohne ihn ab. Zu gerne hätte ich gewußt, was er den beiden erzählt hat.

»Warum wolltest du eigentlich ausziehen?« fragte ich beim Mittagessen.

»Na, weil – weil – na – es war ihre Idee. Aber ich möchte das wirklich nicht mehr durchdiskutieren. Am besten sagst du Papi nichts davon.«

So brach der 68er Aufstand zumindest an unserem Eßtisch zusammen. (1969)

Stresemann

Bevor Robinson Crusoe seinen Gefährten Freitag traf, teilte er seine Einsamkeit mit einem jungen Papagei, den er Pol nannte. Ihm brachte er Englisch bei. Es muß schon sehr tröstlich gewesen sein, wenn Pol »Hello Robby« krächzte, sobald diesen das Heimweh überkam, »don't worry, be happy«.

In mehreren Abenteuerromanen kamen Piraten mit Augenklappe und Holzbein vor, die sich einen sprechenden Papagei an Bord hielten. Daraus entstand in meiner Kinderphantasie ein Papagei mit Augenklappe und Holzbein, der schlimme Wörter sagte. Wie zum Beispiel jener Jako, den eine englische Lady aus dem Nachlaß ihres zur See fahrenden Bruders geerbt hatte.

Jako saß nun gelangweilt und stumm in ihrem Wohnzimmer herum, bis eines Nachmittags mehrere Damen zum Tee kamen. Diese schienen ihm das geeignete Publikum für all die Flüche und Zoten zu sein, die er an Bord gelernt hatte. Er schleuderte ihnen sein abscheuliches Repertoire um die Ohren, worauf die Teebesucherinnen vor Entsetzen in Ohnmacht fielen – was zu der Vermutung Anlaß gibt, daß sie so fein nun auch wieder nicht gewesen sein konnten, denn sonst hätten sie die Zoten ja nicht verstanden.

Ich liebe Papageienwitze. Es handelt sich meist um Geschichten, zu denen der Vogel am Schluß seinen sachlichen Kommentar gibt.

Auf Anhieb fallen mir drei ein.

Nr. 1:

Auf einem Kriegsschiff langweilen sich ein Affe und ein Papagei. Sagt der Affe: »Laß uns Verstecken spielen.« Im gleichen Augenblick wird das Schiff von einem Torpedo getroffen und geht unter. Affe und Papagei retten sich auf eine schwimmende Planke, total zerrupft und versengt. Sagt der Papagei: »Das ist aber ein Scheißspiel.«

(Während der Bombennächte in Berlin wurde dieser Ausspruch zum geflügelten Wort.)

Nr. 2:

Ein Mädchen steht morgens auf, zieht die Jalousien hoch, macht sein Bett, zieht sich an, trägt sein Frühstückstablett ins Zimmer und deckt den Papageienkäfig ab. Da ruft sein Freund liebeslüstern an: »Du, ich komme gleich bei dir vorbei.« Darauf räumt das Mädchen sein Frühstück ab, läßt die Jalousien wieder runter, zieht sich rasch aus, deckt den Käfig zu. Sagt der Papagei: »Das war aber 'n kurzer Tag.«

Nr. 3:

In der DDR hat ein Mann seinem Papagei unter anderem den Fluch »Scheiß-DDR« beigebracht. Nun muß er dringend drei Wochen verreisen. Wohin so lange mit dem Papagei? Bei dessen Wortschatz kann er ihn nirgends in Pflege geben, ohne angezeigt zu werden wegen Staatsbeleidigung. In seiner Not friert er ihn ein.

Nach drei Wochen kommt der Mann zurück, holt den total vereisten Papagei aus der Tiefkühle. Der taut langsam auf, frißt auch wieder und trinkt, sagt aber kein Wort mehr, denkt gar nicht dran. Da fleht ihn der Mann an: »Nun sag doch was, bitte, sag wenigstens Scheiß-DDR!«

Darauf der Papagei: »Bin ich verrückt? Drei Wochen Sibirien haben mir gereicht.«

Von allen Papageienarten ist der graugefiederte, rotschwänzige afrikanische Jako der sprachbegabteste. Im Zusammenleben mit ihm vergißt man ab und zu, daß es sich nur um einen Vogel handelt, zumindest bei unserem Stresemann. So hat ihn mein Sohn getauft, als er vor siebzehn Jahren zu uns kam – nicht aus Afrika, aus Ingolstadt. Mein Sohn meinte, es bestünde eine gewisse Ähnlichkeit in der Kopfform mit dem großen Reichskanzler. Außerdem trüge er einen grauen Cutaway – eben einen »Stresemann«.

Damals war er sechs Wochen alt, das beste Alter, um sprechen zu lernen. Auf den morgendlichen Spaziergängen mit dem Hund hatte ich ein Diktiergerät bei mir, darauf sagte ich »Stre-se-mann«, an die achtzigmal und ließ es anschließend neben seinem Freigehege laufen. Armes Papageienkind, als erstes gleich so ein schweres, langes Wort! Nach etwa zwei Monaten fing er – nuschelnd erst – an zu üben: »Stre-strese-strema – Stresa – Stresema –«, bis er den Namen intus hatte. Das klang sehr rührend.

Nach dieser schweren Hürde fielen ihm die nächsten Worte leicht. Innerhalb eines Jahres hatte er unsere Namen und die unserer engsten Freunde im Griff, beherrschte unsere Stimmen, bellte, pfiff, kommandierte den Hund, gluckerte, sobald er eine Flasche sah, quietschte wie die Tür, die ich zu öffnen im Begriff war, verriet meinen Sohn und seine Freundin beim Küssen, indem er laute Knutschgeräusche fabrizierte, brach ab und zu in ein geradezu ordinäres Gelächter aus. Ich überlegte, von wem er das wohl aufgeschnappt haben könnte, worauf mich die Familie stumm, aber bedeutungsvoll ansah.

Seine Leidenschaft waren Telefongespräche, die er sich aus dem Aufgeschnappten selbst zusammenstellte. Das ging etwa so (Stimme meines Sohnes): »Hier bei Noack – Tag, Papi – Moment mal – Maaami – Telefon für dich!« Darauf ging's mit meiner Stimme weiter: »Hallo? – Ach nein –« (Lachen) »- Ja? – Oh! – Tschüs.«

Seine gestutzten Flügel hinderten ihn zwar am Herumfliegen, reichten aber für eine gemilderte Bauchlandung auf dem Teppich aus. Nun trafen wir ihn des öfteren auf dem Flur, in der Küche, er besuchte mich im Arbeitszimmer, hangelte sich am Schreibtisch hoch und half mir beim Zerreißen von Manuskriptseiten. Er war überhaupt ungeheuer tätig auf seinen Streifzügen durch die Wohnung, hackte Gardinen löchrig, zog Ziernägel aus den Sesseln und vernichtete Buchrücken.

Eines Tages fiel ein Besuchshund über ihn her. Das wäre um ein Haar sein Ende gewesen. Seine Rettung war, daß sich gleichzeitig unsere Afghanenhündin Natascha auf den Besuchshund stürzte. Für mich bleibt es ein Wunder, daß sie selbst – obgleich ein Hetzhund – sich nie an ihm vergriff, um sich für ihre von ihm blutig gehackte Nase zu rächen. Als sie plötzlich unrettbar krank wurde, machte er mit sichtlichem Vergnügen ihre Schmerzenslaute nach.

Damit er nicht mehr Schäden anrichten konnte und selber nicht zu Schaden kam, kriegte er lebenslänglich hinter Gittern – ohne Freigang. Eine Woche lang schwieg er beleidigt ob dieser Verurteilung, dann demontierte er Näpfe und alles Bewegliche in seinem neuen Käfig und fing an, ihn als sein Zirkuszelt zu betrachten, in dem er akrobatische Meisterleistungen vollführte – sofern er Publikum hatte, das begeistert Bravo klatschte. Wenn wir es einmal vergaßen, rief er selber Bravo und haute mit den Zehen auf die Stange. Höhepunkt jeder Darbietung: Er hing mit einer Kralle in der Zirkuskuppel und schwang – Kopf nach unten – hin und her und um sich herum, wobei er »schöööön« flötete.

Leider ist es uns nie gelungen, ihn dabei zu filmen. Sobald Fernsehteams, die bei uns drehen wollten, in seine Nähe kamen, verlor er seine Fremdenscheu und ließ sein Repertoire vom Stapel. Sie waren hingerissen. Sobald sie aber ein Mikrophon neben seinen Käfig stellten, drehte er sich verschämt zur Wand und ließ keinen Pieps mehr aus seinem Schnabel fallen.

Eine Zeitlang stand sein Bauer neben meinem Schreibtisch. Anfangs tippte er stundenlang mit, stellte diese Tätigkeit jedoch nach ein paar Tagen ein – das ständige Schnabelklappen mußte wohl eine leichte Gehirnerschütterung ausgelöst haben. Dafür verwickelte er mich ab und zu in ein Gespräch, das er mit »Huhu« einleitete. Eins habe ich wortwörtlich notiert:

»Huhu – Barbara –«

»Na, Stresemann?«

»Was machst du?«

»Ich tippe. Und was machst du?«

Nach kurzem Überlegen: »Schiete.«

Mit der Frage »Was machst du?«, die ich ihm beigebracht hatte, erzielte er bereits erstaunliche Erfolge. Es gab bis dahin keinen Menschen in seiner Umgebung, der ihn nicht anfangs exakt über seine augenblickliche Tätigkeit informiert hätte, auch nach der dritten Wiederholung noch, da allerdings schon mit dem Nachsatz: »Hör auf zu fragen, du nervst mich.«

Wie gesagt, man vergißt bei Stresemann zuweilen, daß es sich bei ihm nur um einen Vogel handelt.

Es ist erwiesen, daß ein Papagei keinen Sinn mit den Worten verbindet, die er nachspricht, geschweige denn selber Sätze bilden kann. Stresemann kann. Beispiele: Das Wort »komm« kennt er nur im Zusammenhang mit den Hunden. Wenn er Sehnsucht nach mir hat, was sich schon darin äußert, daß er nicht Barbara, sondern Mami zu mir sagt, wenn er also Sehnsucht hat, ruft er: »Mami, komm mal!«

Zweimal pro Woche wird unsere jetzige Hündin Mariechen zum Durchkämmen abgeführt. Irgendwann habe ich dabei gesagt: »Komm, schön machen.« Eines Tages, als es wieder soweit war, kommentierte Stresemann ihr Martyrium mit der Feststellung: »Mariechen schön mach.« Er hat mir auch schon mal »Stresemann scheiß mach« mitgeteilt.

Mitte Dezember sage ich zum ersten Mal bedeutungsvoll »Weihnachten«. Dann kommt die Hündin angetrabt und leckt sich begehrlich ums Maul, während Stresemann einen Augenblick nachdenkt, bevor er die erste Rakete von Hunderten abschießt. Verbindet ein Papagei wirklich keinen Sinn mit den Worten, die er kennt? Na schön, er verwechselt Weihnachten mit Silvester, aber daran haben wir uns im Laufe der Jahre gewöhnt, und die Raketenschießerei bleibt uns sowieso bis Anfang Februar erhalten. Dann macht sie ihm keinen Spaß mehr, worüber wir sehr erleichtert sind.

Zuweilen bringt er mich in arge Verlegenheit.

Beispiel Nr. 1: Ich telefoniere mit einem Bekannten und spreche ihm bewegt mein Beileid zu einem Todesfall aus, während Stresemann im Hintergrund mit meiner Stimme vor Lachen kräht.

Beispiel Nr. 2: Ich versuche jemand davon zu überzeugen, daß ich eine arme Frau bin. Darauf Stresemann: »Ach nee –!«

Und was passierte? Der Jemand hat Stresemann geglaubt.

Er hat bereits zwei Hunde bei uns überlebt, Mariechen ist auch schon vierzehn. Ein Papagei wird zirka sechzig Jahre alt und somit zu einem Erbschaftsproblem.

Wer kriegt Stresemann, wenn ich tot bin – vor allem, wer will ihn haben und sich täglich sein »Barbara«-Geschrei anhören? So ein Vogel vergißt ja nicht, wen er liebt. Noch heute ruft er, wenn er sich vernachlässigt fühlt, den Namen meiner Mutter, die vor neun Jahren gestorben ist. (1993)

Die Berlinerin

Die Berlinerin – einst hieß sie Jette, Rieke, Liesekken, Mieze und Marie. Jetzt hört man viele ausländische Namen auf den Spielplätzen – Manuela, Patricia, Simone, Ilonka und so was. Aber es ist noch immer dieselbe Göre. Gott sei Dank.

Die Berlinerin – die Junge, Kesse auf ihren Berlin-O-Beinen, mit ständig bewegter Mähne, frechem Mundwerk und flinken Augen, denen nichts verborgen bleibt. Bei aller Kindhaftigkeit ist da sehr früh ein wissender, fast aggressiver Ausdruck in ihren Zügen. Man spürt, daß sie ständig vor irgend etwas auf der Hut ist – das muß keine Gefahr, das kann die Angst vor der eigenen Gutmütigkeit sein. In ihrer Anschmiegsamkeit bleiben immer ein paar Ecken.

Zieren liegt ihr nicht. Sie ist frühreif, bewahrt sich aber ein Stückchen Göre bis in ein Alter hinein, in dem andere Frauen längst Behäbigkeit angesetzt haben. Das macht ihren drolligen Charme aus. Das und ihr Mundwerk. Sie quasselt sozusagen optisch. Ein trockenes Ding wie die Grammatik biegt sie sich stimmungsvoll zurecht, und ihr Wortschatz ist blumig. Er strotzt von Eigenkonstruktionen. Nichts ist der Berlinerin so ähnlich wie ihre Sprache.

Die Berlinerin ist längst nicht so schick wie ihr Ruf. Aber ihr Selbstbewußtsein trägt immer Nerz, selbst im Ausverkaufsfummel.

Die Berlinerin – von Natur aus ist sie skeptisch. Wenn an einer Bank »Frisch gestrichen« steht, glaubt sie das nur, wenn sie selber hingefaßt hat. Wenn ein Mann Süßholz raspelt, lacht sie ihn sicherheitshalber erst mal aus. Im Grunde genommen möchte sie so gern glauben, aber man weiß ja nie…

Ihre angeborene Skepsis verbietet es ihr auch, die Tragfähigkeit von rosaroten Wölkchen und Schmetterlingsflügeln der Phantasie auszuprobieren. Sie bleibt immer mit beiden Füßen auf dem Teppich. Und ihre Gefühle müssen zuerst durch den Filter der Selbstironie tröpfeln, ehe sie an die Oberfläche dürfen. Ist so ein Gefühl jedoch einmal stärker als alle Waffen ihres gesunden Menschenverstandes und die Berlinerin selber bloß noch ein Veilchen und Liebe, dann wird sie plötzlich hilflos, sprachlos, sehr verlegen – (die Berlinerin!!). Dann trägt ihr Selbstbewußtsein nicht mehr Nerz. Dann wachsen ihm wieder Zöpfe. So kleine, mickrige Rattenschwänze. Mit Bindfaden drin. Berühmte Berlinerinnen: Rahel Varnhagen, Bettina von Arnim, Fanny Lewald, Henriette Herz, Käthe Kollwitz, Rosa Luxemburg, Else Lasker-Schüler, Louise Schröder…

Die Berlinerin ist kein Weibchen, sie ist Frau. Kein Liebchen, sondern Geliebte, ein Kumpel. (Ein Kumpel ist jemand, mit dem man sauber in die Grube fährt und gemeinsam schwarz wieder herauskommt.) Sie lädt sich lieber ein paar Pflichten zuviel auf als zuwenig, allein schon, um darüber schimpfen zu können. Schimpfen liegt ihr sehr. Es erleichtert auch die Sorgen und den Schmerz. Überhaupt ist die Aggressivität der Motor all ihrer guten und schlechten Eigenschaften.

Sie ist eine Idealfrau für Notzeiten. Egal, ob sie in Wedding oder im Grunewald das Laufen lernte. Wenn es etwas zu verteidigen gilt, dann wächst sie über sich selbst und die Männer hinaus. Es stecken ungeahnte Tapferkeiten in ihr, vor denen sie nachträglich selber erschrickt.

Berühmte Berlinerinnen – zum Beispiel die Frauen, die Theodor Fontane, Kurt Tucholsky oder Gottfried Benn beschrieben haben. Aber auch Stindes Buchholzen aus der Landsberger Straße gehört dazu.

Die Berlinerin ist auch Preußin. Potsdam liegt schließlich gleich nebenan. Aus dieser Ecke bezieht sie ihre Zuverlässigkeit und ihre Pünktlichkeit. Wer sich mit ihr verabredet, kann beinahe sicher sein, daß er sich beim Warten auf sie keine kalten Füße holt. Aber sonst ist wenig Preußisches an ihr. Gehorsam zum Beispiel liegt ihr gar nicht – es sei denn, man überzeugt sie von seiner Notwendigkeit. Und Respekt, zumal vor der Obrigkeit – wieso denn? Sind ja ooch bloß Menschen.

Berühmte Preußinnen: Sophie Charlotte, die Frau Friedrichs I., Königin Luise, Wilhelmine Encke...

Die Berlinerinnen, die man am meisten sieht und dennoch zuweilen übersieht: das Heer der alten, alleinstehenden Frauen, von der Modebranche nach ihren Hüten das Preßglockengeschwader genannt. Sie füllen die frühen Kinovorstellungen, die Ausflugsdampfer und -lokale, die Bänke in den Grünanlagen, die vielen Kaufhäuser.

Berühmte Berlinerinnen: Vicki Baum, Dinah Nelken, Mascha Kaleko, Renée Sintenis, Henny Porten, Marlene Dietrich, Claire Waldoff, Tilla Durieux, Grete Mosheim, Elisabeth Bergner, Grethe Weiser, Inge Meysel, Brigitte Horney, Sonja Ziemann, Hildegard Knef...

Die paar Berlinerinnen, die hier namentlich angeführt wurden, stammen zum Teil von »außerhalb«. Eines Tages zogen sie her und wurden mit der Zeit und mit der Liebe zu dieser Stadt waschechte Einheimische. Das liegt an Berlin. Es ist eine starke Stadt mit einem starken Fluidum. Eine praktische, großzügige, rasche, ehrliche, sehr wache – kurz, eine Stadt mit all den Eigenschaften, die es einem leichtmachen, sich einzufügen und die besondere berlinische Art, zu denken und sich auszudrücken, anzunehmen.

Sie kamen her und wurden zu echten Berlinerinnen. Und diejenigen, die von hier fortgehen, strahlen noch nach Jahren das bestimmte Berlinische aus. Wen diese Stadt formt, den formt sie lebenslänglich.

(1969)

Freund G. macht einen Ausflug

Das Angebot des Reiseunternehmens klang verlockend: Mitternachtssonne. Kraterrundflug. Innenbesichtigung eines isländischen Kraters zu Fuß. Baden in Schwefelquellen. Dazu die einzigartige Fischplatte, die es nur in der Gegend von A. zu essen gibt. Und alles in zirka vierundzwanzig Stunden.

Freund G. buchte umgehend.

Nach siebenunddreißig Stunden machte er – noch immer schwefelstinkend – auf dem Heimweg vom Flughafen bei mir Station und fraß meinen Eisschrank leer. Ich will versuchen, möglichst genau seinen Reisebericht wiederzugeben.

Also – morgens um neun sollte es losgehen. Da die exakte Flugzeit der vorgesehenen Maschine nicht bestimmbar war, wurde der Abflug auf sechs Uhr früh vorverlegt. Frühes Erscheinen sichere gute Fensterplätze, hieß es, allein schon wegen der Vulkandurchrundung.

Als G. um fünf am Schalter ankam, standen von hundertunddrei Passagieren bereits hundertundzwei an. Dementsprechend fiel sein Platz aus. Es handelte sich um ein Propellerflugzeug – Flügel und Fahrgestell, alles (noch) dran. Kaum saß er, bohrten sich zwölf knapp kaschierte Sprungfedern durch den Sitz in sein Hinterteil. Bei maximaler Anspannung der vorderseitigen Oberschenkelmuskulatur war dieser Attacke zu entgehen, das würde aber das Einnehmen des Frühstücks erschweren. Die Reiseleitung mußte das vorausgesehen haben. Sie servierte erst gar keins.

Während des Fluges änderte sich das Wetter. Vom Kraterrundflug war nun keine Rede mehr wegen des aufgekommenen Sturms. Aber auch das hätte seine Vorteile, versicherte der Kapitän, dadurch würden sie etwas eher an ihrem Reiseziel landen. »Wir näherten uns der nordischen Bay«, erzählte Freund G., »schwebten in A. ein, wehten raus und standen im kalten Sturm, begrüßt von der einheimischen Führerin. Sie teilte uns mit, daß unser Bus erst in drei Stunden abfahren würde, und beurlaubte sich für diese Zeit, die wir zu Eigeninitiativen nutzen sollten. Der Ort hat zirka fünfzig Häuser. Auf meiner Zwangswanderung von Dorfrand zu Dorfrand begegnete ich der einzigen Attraktion – dem nördlichsten Botanischen Garten der nördlichen Hemisphäre. Von der Flora und Fauna existierten bisher erst die aufgespießten Samentütchen zwischen einheimischem Moos.

Voll aufgeschossen dagegen war bereits das Klohaus, jedoch verschlossen wie die Menschen dieser

Region. Zumindest bot es dem hingerissenen Betrachter einen gewissen Sturmschutz.« G. kehrte zu seiner Reisegruppe zurück. Sie weinte. Weinte vollzählig dank des Staubs von benachbarten Kratern, der ungebunden geblieben war, weil es seit Tagen nicht geregnet hatte.

Freund G., von Beruf Augenarzt, holte ihnen die Körnchen heraus und sah sich bald einer geduldig wartenden Schlange gegenüber, die nicht abnahm, weil diejenigen, die er bereits verarztet hatte, sich prophylaktisch wieder hinten anstellten.

Nach drei Stunden fuhr der Bus tatsächlich ab zu Fumarolen und heißen Schwefelbädern, die – so die Führerin – von Touristen gerne benutzt werden. Es stünde jedem frei, die übrigen würden so lange warten.

Sie brauchten nicht lange zu warten, denn wer wie Freund G. ein Körperglied hineintunkte, zog es sogleich gesotten wieder heraus.

Es folgte die versprochene Wanderung durch einen erloschenen Krater mit bizarren Felsen und schöner Flora.

»Dann karrte uns der Bus endlich zu dem Lokal mit der einzigartigen Fischplatte, die es nur in der Umgebung von A. gibt. Ich träumte von Lachs und Riesencrevetten, seit einem raschen Kaffee um vier Uhr früh hatte ich ja nichts im Magen. Die einzigartige Fischplatte bestand aus ein paar Stückchen Gefrierbarsch oder Hering. Nicht *und* sondern *oder*! Dazu eine

Kartoffel. Das gab Ärger. Gegen 21 Uhr waren wir wieder in A., wurden zu einer Ortsbesichtigung aufgefordert und zum Besuch des Botanischen Gartens. Den kannte ich schon. Ich wollte nach Hause.

Die Führerin sagte, der Abflug würde sich etwas verzögern. Wir fragten: Wie lange? Um etwa fünf Stunden. Die Reparatur unserer Maschine würde so lange dauern. Dazu Sturm und Hunger. Wer noch einen Krümel Schokolade in seiner Handtasche fand, mümmelte ihn heimlich, um nicht teilen zu müssen. Die versprochene Mitternachtssonne ließ sich auch nicht sehen.

Um fünf Uhr früh Ortszeit fand eine Zwischenlandung in der Hauptstadt statt zwecks zollfreien Einkaufs. Übrigens ein bemerkenswert hübscher Flughafen, alles aus Holz, das Dach, der Boden, die Tür zur geschlossenen Wechselbank und das verschlafene Gesicht des einzigen Verkäufers. Die Annahme ausländischer Währung lehnte er ab.

So kehrten wir denn auf unsere spiralfederpiekenden Sitze zurück. Ich träumte von der Heimat und – inzwischen bescheidener – von einem Kanten Brot.

Der Pilot startete die Maschine durch, da machte sie einen Knicks und lag schräg. Wir mit. Ein Rad war gebrochen. Der Schaden wurde mit Planen verdeckt, wir ausgeladen, zwei emsige Herren machten sich mit Funkgerät, Schraubenzieher und unterstellter Sachkenntnis an die Reparatur.

Irgendwann – ich guckte schon nicht mehr auf die

Uhr – durften wir wieder einsteigen. Ich fiel in meinen Sitz, meine Nachbarin an meine Schulter, ihr Mann an ihre, blieb bloß noch die Sorge, ob das reparierte Rad bei der Landung in Hamburg halten würde. Und der Hunger natürlich, der blieb uns auch. Dieser Flugzeugtyp verfügt offensichtlich über keine Bordküche.«

Soweit Freund G.

»Da hast du aber einen schönen Ausflug gemacht«, sagte ich.

»O ja«, sagte er, seinen Hintern mit den zwölf Einschußlöchern der Sitzspiralen reibend. »Die Landschaft war sehr schön – karg, aber schön. Ich kann dir ja mal die Adresse von dem Reiseunternehmen geben, falls du interessiert bist.« (1987)

Mein Sohn spinnt

Mit drei Jahren kam Philip in Schwester Robertas Kindergarten. Philip war der einzige Evangele unter lauter katholischen Kindern – was heißt Evangele, er war noch nicht einmal getauft.

Philip war sozusagen ein zugereister Heide, dazu der Jüngste – aber er wußte schon, wie er sich die nötige Beachtung verschaffen konnte.

Philip erzählte den anderen Kindern täglich ein »Geheimnis«. Die Kinder erzählten Philips Geheimnis zu Haus weiter. Bald wußte der ganze kleine Ort, in dem wir damals wohnten, von Philips Geheimnissen – nur wir, seine Eltern, kannten sie nicht.

Ich wunderte mich, daß die Gespräche abrupt verstummten, wenn ich einen Laden betrat. Man starrte mich wie einen Exoten an. Der Sohn der Gemüsehändlerin machte mir beim Kartoffelabwiegen unsittliche Anträge. Und Philips Vater, der beim Kinderkarneval mit einer Frau Elvira Kürten um die Wette sackhüpfen durfte, wunderte sich hinterher über Frau Kürtens erregtes Gekicher. Pausenlos hatte sie sich mit einem Taschentuch unter den Achseln gewischt – was war denn los mit der?

Unsere Vermieterin grüßte uns plötzlich auch nicht mehr. Sie teilte uns nur schriftlich mit, daß wir ab sofort unseren Hund durchs Treppenhaus zu tragen hätten, wenn er von draußen kam. Da es sich um einen Afghanen handelte, war das kein Problem.

Nur Schwester Robertas blankes, altersloses, von der Haube gerahmtes Nonnengesicht strahlte arglose Heiterkeit aus, wenn ich ihr begegnete. Denn so blöd war unser kleine Heide nun wieder nicht, daß er seine Geheimnisse in ihrer Gegenwart ausposaunte. Er ahnte wohl, daß er von ihr keinen Applaus dafür zu erwarten hätte.

Als unsere Zugehfrau vorübergehend in eine Anstalt verschickt wurde, weil sie es trotz dringender Ermahnungen nicht lassen konnte, auf Bänke zu steigen und die »goldene Abendsonne« zu singen, vor allem nachts, meldete sich eine beherzte Raumpflegerin namens Puff bei uns. Die kramte vierzehn Tage lang in unserem Intimleben herum. Ich kam einmal dazu, wie sie die Matratzen auseinandernahm.

»Suchen Sie was Bestimmtes, Frau Puff?«

»Wo sind denn nun die Pistolen von Ihrem Mann?«

»Was für Pistolen?« fragte ich.

»Na, die er im Bett hat«, sagte sie. »Mit denen er schon zwei Räuber erschossen hat.«

»Mein Mann?« Ich begriff gar nichts.

Es war mir auch neu, daß er einer Tante Marion einen Koffer voll Geld geschenkt hatte, weshalb wir jetzt in Armut lebten.

Frau Puff wollte wissen, ob es stimme, daß mein Mann ein Kind kriegt und nicht ich. Von wem kriegt er's denn dann? Und warum ich jeden Tag in der Kneipe säße und Schnaps tränke, in welcher denn? Und ob ich den Besitzer vom Kirmeskarussell heiraten würde?

Ich fragte, wer ihr den haarsträubenden Blödsinn verkauft habe.

Da war sie ganz beleidigt und sagte, das wüßte doch schließlich jeder im Ort, auch daß unsere Vermieterin eine alte Hexe wäre. Das hätte unser Philip erzählt. Und das stimme, die sei eine alte Ziefer. Und wenn eins stimmt, was er sagt, dann wär an dem andern bestimmt auch was Wahres dran.

Was sollten wir tun? Eine Annonce aufgeben: Unser Kleiner spinnt!? – Wir zogen lieber gleich ganz fort. Am meisten freute sich darüber unser Hund, dem es reichte, drei- bis fünfmal täglich durch den Hausflur getragen zu werden.

Wir zogen fort, eine alte Nähmaschine und viele ungelöste Rätsel in jenem kleinen Ort zurücklassend. Unterwegs hatten wir ein langes, ernsthaftes Gespräch mit Philip, das anhaltenden Eindruck bei ihm hinterließ. Es fiel nie wieder blühender Schwindel aus ihm heraus, um sich vor anderen Kindern wichtig zu machen. (1974)

Die Baronin im Glas

Im Jahr 1946, ein Jahr nach Kriegsende, zu einer Zeit, als alles möglich war, auch das Unmögliche, ohne uns sonderlich zu verwundern, machten wir die Bekanntschaft einer Person, die man im Mittelalter als Hexe verbrannt hätte.

Sie war nicht größer als ein zwölfjähriges Kind und besaß somit das Leichtgewicht, woran man früher eine Hexe zu erkennen glaubte, obgleich auf die damaligen Waagen kein Verlaß gewesen sein soll. Sämtliche Kleidungsstücke, die sie besaß, trug sie stets übereinander, sogar an heißen Tagen, wie ein Mensch, der gewohnt ist, auf der Flucht zu leben. Ich habe sie nie ohne Kopftuch gesehen und kann mich nicht an ihr Alter erinnern, zumindest war sie noch keine alte Hexe.

Eines Tages stand sie in unserem Garten und fragte in kargem Deutsch, ob sie das kleine Zimmer in unserem Souterrain haben könnte, das in einer Woche frei werden würde. Meine Mutter sah vom Umgraben auf und sie an und dachte: Die hat mir gerade noch gefehlt! Sie wimmelte die Person mit der Versicherung ab, nichts frei zu haben und auch nicht die Absicht, je wieder zu vermieten.

Zu jener Zeit lebten drei hoffnungslos untereinander zerstrittene Flüchtlingsfrauen in unserem Haus. Es ging manchmal schlimmer bei uns zu als in der Hölle, in der Hölle hatten die Teufel wenigstens satt zu essen, wir damals leider nicht. So kam es, daß Frau Knüppelsack aus Pudewitz, die das kleine Zimmer im Souterrain bewohnte, eines hungrigen Mittags den Düften nicht widerstehen konnte, die aus dem Kochtopf der Frau Kallweit aus Gumbinnen aufstiegen. Sie klaubte sich ein Stück von ihrem auf dem Schwarzmarkt erstandenen Hühnerklein aus der Brühe. Beim hastigen Verzehr desselben blieb ihr ein Knöchelchen im Halse stecken, woran sie ebenso tödlich wie einsam erstickte, denn alle übrigen Hausbewohner standen zu der Zeit nach Kernseife und Kartoffeln an.

Dieses Unglück passierte exakt eine Woche nach dem Besuch der kleinen Person in unserem Garten. Einen Tag später zog sie tatsächlich ins freigewordene Zimmerchen ein – trotz des gellenden Protestes der noch verbliebenen zwei Untermieterinnen. Sie wollten diese ausländische Schlampe, Zigeunersche, mit dem bösen Blick nicht um sich haben. Was nun den Blick anbelangt, den hätte ich auch benutzt, wenn ich so unfreundlich empfangen worden wäre wie die Person. Trotzdem war mir nicht wohl bei dem

Gedanken, daß sie von jetzt ab bei uns wohnen würde – wie konnte meine Mutter nur! Das sagte auch unsere Nachbarin. So eine läßt kein vernünftiger Mensch in seinen Garten, geschweige denn ins Haus.

Meine Mutter begegnete meinen Vorwürfen mit hilflos gezuckten Schultern. »Du hast ja recht, mein Kind, wie konnte ich nur! Aber was sollte ich machen – plötzlich war sie wieder da. Ich mußte sie aufnehmen, ob ich wollte oder nicht. Woher hat sie nur gewußt, daß Frau Knüppelsacks Zimmer in einer Woche frei werden würde!? Die Person kann hellsehen«, fügte sie tief beeindruckt hinzu.

Und ich sagte: »Ja, ja, vielleicht hat sie sogar am Hühnerknöxchen herummanipuliert!«

Nun muß man wissen, daß auch meine Mutter über gewisse übersinnliche Fähigkeiten verfügte. Von den uckermärkischen Schäfern ihres Großvaters hatte sie das Besprechen von Gerstenkörnern und Gürtelrosen erlernt. Sie war unter Spökenkiekern aufgewachsen und zappelte ein Leben lang in der Klammer ihres Aberglaubens, gegen den christlicher Glaube und Vernunft machtlos waren.

Zurück zu unserer neuen Untermieterin. Das einzige, was sie je von ihrem bisherigen Leben preisgab, war die Mitteilung, aus Armenien zu stammen und keine Zigeunerin zu sein. Da ich mir ihren Namen nicht merken konnte – oder wollte? –, nannte ich sie Amanulla, nach dem Fräulein, das im Telefon die Zeit ansagte.

Amanulla huschte frühmorgens aus dem Haus und kehrte spätabends heim, wir wußten nie, wann. Unser Hund, der keine Gelegenheit zum Bellen ausließ, schlug ausgerechnet bei ihrer Rückkehr nicht an. Auch ihn schien sie mit der Magie ihrer tollkirschenfarbenen Augen verhext zu haben. Auf die Frage nach ihrem Tagesablauf erhielten wir keine Antwort, selbst meine Mutter nicht, zu der sie eine gewisse Zuneigung gefaßt hatte, weil sie gut zu ihr war.

Eines Abends stand Amanulla mit einem speckigen Kartenspiel in ihrem Wohnzimmer und sagte: »Frau – ich du Zukunft zeigen.« Und das, was sie meiner Mutter aus den Karten für die nächsten Monate voraussagte, ist auf den Tag genau eingetroffen.

Nun wollte auch ich wissen, was auf mich zukam. Aber Amanulla sah weder den dringend ersehnten Prinzen noch eine baldige schriftstellerische Karriere in meinen Karten, sie sah nur mehrmaligen Wechsel des Arbeitsplatzes und keine lohnenswerte Liebschaft, womit sie recht behalten sollte, was ich ihr dennoch übelnahm.

Beim gemeinsamen Anheizen des Küchenherdes, im beißenden Qualm zu feuchter Holzscheite, hustete mir meine Mutter zu: »Gestern nacht hat mir Amanulla deinen Vater in einem Glas gezeigt, er sah so aus wie zu unserer Brautzeit. Dieses Wiedersehen war richtig erschütternd.«

»So ein Quatsch«, sagte ich, »die hat 'ne Fotografie von ihm unterlegt.«

Aber meine Mutter schwor Stein und Bein, es wäre nichts drunter gewesen außer der blanken Tischplatte.

Ich machte den Fehler, dem amerikanischen Captain, der in der Nachbarvilla wohnte, von diesem Hokuspokus zu erzählen. Nun gab er keine Ruhe mehr, er wollte ebenfalls ins Glas gucken, und ich mußte die Vermittlung übernehmen.

Amanulla sträubte sich anfangs, aber seinem Angebot: ein Pfund Bohnenkaffee und eine Stange Zigaretten – ein großes Vermögen zu jener Zeit – konnte sie nicht widerstehen. Es dauerte dennoch einige Wochen, bis sie einen Freitag mit notwendigem Mondstand gefunden hatte, an dem ihre Kräfte einsatzfähig waren, und zwar um elf Uhr abends.

Der Captain lud dazu einen befreundeten Colonel sowie ihre beiden deutschen Fräuleins ein, außerdem den Neffen des Colonels, einen Korrespondenten, und mich. Wir fanden uns bereits um acht Uhr abends bei ihm ein. Es war wie Warten auf Silvester, nur eine Stunde kürzer, aber dennoch lang genug. Bis Amanulla kurz vor elf eintraf, hatte sich unsere Seriosität merklich verringert.

Amanulla – das wußte ich inzwischen – war eine sehr stolze Person. Sie hatte erwartet, daß wir uns genauso ernsthaft auf diese Séance vorbereiten würden wie sie selbst. Nun sah sie sich einer nicht mehr ganz nüchternen Runde gegenüber und war zutiefst in ihrer Hexenwürde gekränkt. Grußlos ging sie zum

Tisch, auf dem ein Glas mit breitem Boden auf sie wartete, und verwies uns streng: »Ruhe – nicht reden – Frau Amanubelkian sonst nicht können arbeiten!«

Der Captain, der neben mir saß, flüsterte beeindruckt: »She looks like a witch, she really does!« Amanulla trug übrigens ein neues Kopftuch mit Blümchenmuster auf weißem Grund zu Ehren dieses Abends. Ihre kleinen Hände, die an Hühnerpfoten erinnerten, umschlossen das Glas und begannen, es langsam hin und her zu bewegen, wobei sie – tief darüber gebeugt – beschwörende Zauberworte murmelte. Wir warteten fünf Minuten – zehn – eine Viertelstunde in mühsam erduldetem Schweigen, nur durchbrochen vom Stuhlknarren, wenn wir unsere Sitzposition veränderten, einem unterdrückten Husten und endlich den melodiösen Schnarchern des Colonels, aber nur kurz. Ein Ellbogen von links und einer von rechts bufften ihn eilig wach. Ich zerbiß mir inzwischen das Backenfleisch, um einen aufsteigenden Lachkoller am Platzen zu hindern. Auch der Korrespondent bebte in sich hinein.

Plötzlich richtete sich Amanulla erschöpft auf, ihr Zeigefinger stieß in Richtung des Colonels: »Du – komm!«

Er ging zum Tisch und guckte ins Glas – zuerst ohne, dann mit Brille – und wollte es nicht glauben und sah uns an und seine Stimme klang bleich vor Schreck: »Jesus – that's my wife!«

Das wollten wir nun alle sehen und standen hintereinander an. Wir glaubten an einen Spuk. Selbst mein Lachkoller war wie weggeblasen.

Auf dem Boden des Glases befand sich die fotogetreue Wiedergabe der Frau, deren Bild der Colonel zum Vergleich aus seiner Brieftasche hervorholte. Jawohl, das war dasselbe Gesicht, nur faltenloser und süßlich koloriert. Amanulla hexte eben ohne Retusche und in Schwarzweiß.

Während wir noch durcheinanderstaunten, verließ der Colonel fluchtartig den Raum, gefolgt von seiner deutschen Liebsten, die »Arthur darling« rief, »please wait for me!« Doch dieser spürte plötzlich die Anwesenheit seiner in Battle Creek, Michigan, wohnhaften Frau ganz nah um sich, spürte die Schläge ihrer Eifersucht und flehte sein Mädchen an: »You better go home now, Elsie!«, was zu ihrem tränenreichen Abgang führte. Danach betrank sich Arthur darling.

Amanulla hatte inzwischen des Colonels Gattin aus dem Glas gelöscht und begann es von neuem in Bewegung zu setzen. Diesmal störte kein Muckser ihre Konzentration. Es dauerte daher nur fünf Minuten, bis sie den Captain aufrief.

Er konnte sich gar nicht sattsehen an dem, was er im Glase sah, ein Lächeln verklärte sein Gesicht. »What a beautiful, beautiful girl!«

»Hey, Jimmy –«, erinnerte ihn seine Freundin daran, daß sie auch noch da war. Er begegnete ihrem besorgten Ausruf mit einem Blick, in dem bereits der Anfang vom Ende ihrer Beziehung enthalten war.

Außer mir erkannte niemand die Schönheit im Glas. Ich sagte: »Das ist die Baronin, die Kriegerwitwe, die in Nummer elf in unserer Straße wohnt.«

Der Captain kannte sie auch, er war ihr mehrmals auf der Straße begegnet, aber wem war er begegnet!? Einer zwar reizvoll proportionierten jungen Frau auf schlanken Beinen, von hinten ein Anlaß, sie einzuholen. Doch welche Enttäuschung, wenn sie sich umsah mit diesem triefenden Augenaufschlag zwischen verklebten Wimpern, Augen so rot wie bei weißen Kaninchen, in einem aufgedunsenen Gesicht. Dazu ihr asthmatisches Keuchen –!!

»Nonono«, versicherte er, »das ist nie und nimmer the baroness im Glas.«

Und ich: »Yesyesyes, so sieht sie aus, wenn sie gerade mal keinen Heuschnupfen hat.«

Als nächste war die Freundin des Captains dran. Amanulla zeigte ihr den Elektriker aus der Königstraße. Seit seiner Rückkehr aus der Kriegsgefangenschaft bemühte er sich um ihre Sympathie, indem er vorrangig ihre Nachttischlampe repariert und ihr schon einmal einen Fliederstrauß aus seinem Gärtchen geschenkt hatte. Sie war enttäuscht. Was sollte sie mit einem invaliden, schäbig gekleideten Handwerker, wo sie doch den hübschen Captain samt seinem alliierten Wohlstand liebte!? Und sah mich vorwurfsvoll an. Alles war meine Schuld. Was mußte ich diese Hexe mit ihren zerstörerischen Zaubertricks ins Haus holen!

Aber es kam noch seltsamer. Der Korrespondent, in Paris akkreditiert, nur vorübergehend in Berlin und von seinem Onkel, dem Colonel, rein zufällig auf dieser Séance mitgenommen, sah ebenfalls die Baronin in Amanullas Glas. Es war ziemlich unwahrscheinlich, ob er jemals wieder hierher zurückkommen würde. Amanulla mußte sich geirrt haben.

Amanulla war gekränkt. Sie hatte sich noch nie geirrt. »Du Frau treffen – nix heute – vielleicht ein Jahr – dann Ehe«, versicherte sie dem Korrespondenten. Von nun an betrachteten sich die beiden Männer als Rivalen.

Die Beanspruchung ihrer übersinnlichen Kräfte hatte sie so sehr erschöpft, daß sie die Séance abbrach und – Kaffee und Zigaretten zusammenraffend – ebenso grußlos verschwand, wie sie gekommen war.

Und was wurde nun aus mir, die sie sich als letzte aufgespart hatte? Sollte ich leer ausgehen? Ohne männliche Zukunft im Glas? Es blieb mir nichts anderes übrig, als bis zum nächstgünstigen Mondstand zu warten.

Der Korrespondent flog am übernächsten Tag nach Paris zurück, nicht ohne sich den Namen der Baronin notiert zu haben, während der Captain von Stund an um das Haus strich, in dem sie wohnte. Er machte ihr schöne blaue Augen und Komplimente, die nicht ohne Wirkung auf sie blieben. Da war endlich ein Mann, der sie auch mit Heuschnupfen begehrenswert fand. Und weil sie schon so lange Leutnantswitwe war und durch und durch sehnsüchtig, gab sie seinem Werben nach und landete zuerst auf seinem Sofa, später in seinem Doppelbett. In einer leutseligen Stunde, an der sie nicht teilnahm, gestand mir der Captain, daß jede Liebesnacht mit ihr vorzeitig in einem ihrer Asthmaanfälle zusammenbrach. Immer nervöser hechelte er dem ersten pollenflugfreien Tag entgegen – er wollte the baroness wenigstens einmal vor seinem baldigen Abflug in die Staaten so wunderschön erleben, wie Amanulla sie ihm gezeigt hatte.

Kurz darauf fällte mich eine schwere Grippe. Der Captain schickte mir zum Abschied all seine Pillen und Tropfen mit besten Wünschen zu meiner Genesung und war bereits in Ohio, bevor ich zum ersten Mal aufstehen durfte.

Hat er sie nun noch einmal in ihrer Schönheit, ohne asthmatischen Coitus interruptus, genießen dürfen oder hat er nicht? Die Baronin konnte ich schlecht fragen. Wir waren verfeindet, seitdem unser Hund ihrem Hund das halbe Ohr durch den Zaun abgerissen hatte, obgleich ihr Hund mit der Beißerei angefangen hat, was sie bestritt.

Sie zog dann bald zu einem Onkel nach Westfalen. Somit werde ich nie erfahren, ob sie dem Korrespondenten begegnet ist und ihn geheiratet hat. Aber zur Hochzeit der ehemaligen Freundin des Captains mit dem Elektriker aus der Königstraße wurde ich eingeladen.

Ich selbst bin nicht mehr dazu gekommen, meinen zukünftigen Liebhaber in Amanullas Glas zu sehen, denn zwei Tage vorm nächsten mondgünstigen Freitag, an einem Mittwochvormittag, bummerte die Faust des Gesetzes an unsere Haustür.

Ein Polizist wollte eine gewisse Jelisaweta Pawlowitsch verhaften, die angeblich bei uns wohnte. Meine Mutter versicherte ihm, diesen Namen noch nie gehört zu haben, aber da schossen Frau Kallweit und Frau Kopinsky, die an der Tür gelauscht hatten, aus ihren Zimmern und schrien durcheinander: »Herr Wachtmeister, das kann nur Amanulla sein. So eine hat bestimmt viele Namen.« – »Das ist eine Hexe, Herr Wachtmeister!« – »Seitdem sie im Haus ist, habe ich Alpträume!« – »Sie hat Frau Knüppelsack umgebracht, um ihr Zimmer zu kriegen!« – »Mir hat sie Gift in die Suppe geschüttet. Seitdem hab ich dieses Brennen im Magen!« – »Neulich nachts, wie ich mal raus mußte, kam sie gerade nach Hause mit einer Flasche im Arm. Da war rote Flüssigkeit drin. Das war bestimmt Kinderblut. Es ist ja bekannt, daß Hexen Kinderblut trinken.«

»Das ist doch alles gar nicht wahr«, schrie meine Mutter gegen diese Beschuldigungen an. »Frau Amanubelkian tut keinem was Böses an!«

»Na , da bin ich anderer Meinung«, sagte der Polizist bedeutungsvoll und wollte ihr Zimmer sehen.

Zu viert stiegen sie ins Souterrain und fanden Amanullas Zimmer leer und unterm Bett nur wabernde Staubfäden. Sie schien diesen amtlichen Besuch vorausgeahnt und vor Morgengrauen das Haus verlassen zu haben.

»Das habe ich befürchtet«, sagte der Polizist.

Und meine Mutter: »Was wollen Sie eigentlich von ihr?«

Er forderte sie auf, mit zum Revier zu kommen, wo gegen diese Person eine Anzeige folgenden Inhalts vorlag:

Unser Vater, Hermann Otto Kiesewetter, Prokurist a.D., war seit einem halben Jahr bettlägerig, und wir hatten nichts wie Ärger mit ihm, weil er ständig neue Pflegerinnen brauchte, weil es ihm keine recht machte. Dann hat ihm der Gemüsehändler eine vermittelt, eine ausländische Person mit Namen Jelisaweta Pawlowitsch. Wir haben der von Anfang an nicht getraut und wollten sie weghaben. Aber Vater hat gesagt, das ist die erste, die es ihm recht macht, und wenn wir sie verjagen, enterbt er uns. Der war völlig im Bann dieser Person und wurde dabei immer klappriger. Aber weil sie ihn sauber gehalten hat und ausreichend ernährt, konnten wir nichts gegen sie machen. Bei unserem letzten Besuch sagte Vater, er hätte unsere Mutter wiedergesehen in einem Wasserglas und hätte auch Kontakt zu ihr aufgenommen. Sie hofft, daß er bald zu ihr kommt. Darauf riefen wir seinen Hausarzt an wegen einer eventuellen Entmündigung unseres Vaters, aber der Arzt sagte, dazu bestände keine Veranlassung. Er besucht Vater jeden zweiten Tag und hat ihn schon lange nicht so fröhlich erlebt wie jetzt, und wir sollten uns keine Sorgen um ihn machen. Heute früh rief uns der Doktor an. Er sagte, Vater ist in der Nacht friedlich eingeschlafen. Die Augen zu und die Hände auf der Bettdecke gefaltet. Das muß die Pawlowitsch gemacht haben, sagte der Doktor. Die muß bei ihm gewesen sein, wie er gestorben ist, und hat die Wohnungstür bloß angelehnt, damit er reinkommen konnte. Na, wir sofort hin wegen der Goldmünzen in Vaters Matratze, aber die waren weg und die Pawlowitsch auch. Weshalb wir Anzeige erstatten wegen schwerem Diebstahl und vielleicht sogar Mord an unserem Vater Hermann Otto Kiesewetter. Äußere Merkmale dieses Subjektes: Etwa einsfünfundvierzig groß, gelbliche Hautfarbe, stechender Blick, Kopftuch. Spricht gebrochenes Deutsch.

Meiner Mutter blieb nach Anhörung dieses Protokolls nichts anderes übrig, als zuzugeben, daß es sich bei dieser Pawlowitsch um dieselbe Person handeln könnte, die sich bei ihr unter dem Namen Amanubelkian angemeldet und auch Lebensmittelkarten bezogen hatte.

»Wenigstens wissen wir jetzt, wo Amanulla ihre Tage verbracht hat«, sagte sie später zu mir.

Und ich: »Glaubst du, sie hat beim Tod des Alten nachgeholfen?«

Meine Mutter: »So weit möchte ich gar nicht denken.«

»Was ist mit den Goldmünzen?« überlegte ich.

»Wer weiß, vielleicht hat er sie ihr geschenkt, aus Dankbarkeit für ihre Pflege und wegen seiner gestorbenen Frau im Glas.«

»Ja, das könnte möglich sein«, sagte ich. Selbst Frau Kallweit und Frau Kopinsky, die ihr alles zutrauten, sogar Mord und Kinderbluttrinken, selbst sie hatten Amanulla nie des Diebstahls bezichtigt.

»Na ja«, sagte meine Mutter, »als ich mit dem Polizisten in ihrem Zimmer war, habe ich das Kopfkissen in ihrem Bett vermißt.« Sie sah mich an. »Kannst du mir mal sagen, warum sie ausgerechnet das Kopfkissen mitgenommen hat und nicht meinen neuen Besen?« Dabei schaute sie so seltsam aus dem Fenster, als ob sie dahinter Amanulla auf diesem alten, klumpigen Kissen mit herauspiekenden Federkielen zum nächsten Hexensabbat reiten sah.

Ich konnte ihrem Gedankenflug nicht folgen, weil meine Phantasie noch immer nicht abzuheben vermochte, wenn es um Hexen ging.

Ich sah Amanulla winzig klein auf einer langen, kopfsteingepflasterten Chaussee weiterwandern, manchmal von einem Lastwagen ein Stück mitgenommen bis zum nächsten Ort in der Mark Brandenburg. Ich glaube, sie brauchte das Kissen für die Nächte, in denen sie nur in Schuppen oder Scheunen Unterschlupf finden konnte. Vielleicht bewahrte sie sogar die Goldstücke darin auf. (1991)

»Bin ich auch ein verbotenes Kind?«

Auch in meiner Klasse leerten sich die Schulbänke. Herzlieb, Irene, Eva, Ruth, Anita und die wilde Joan, die mir beim Topfschlagen mit der Kelle beinah das Nasenbein zertrümmert hatte – sie alle blieben plötzlich vom Unterricht fern. Zuerst sah es so aus, als ob sie aus Krankheitsgründen fehlten, aber sie kamen nicht wieder.

»Warum?« fragte ich meine Mutter. »Warum ziehen so viele plötzlich aus dem Grunewald? Hier ist es doch schön!«

»Das liegt an ihrer Religion«, sagte sie.

»Anita hat an unserem evangelischen Unterricht teilgenommen.«

»Trotzdem, sie sind Juden und nicht mehr in Deutschland erwünscht.«

»Bei wem nicht und warum nicht?«

»Kindchen, das versteh ich selber nicht.«

»Ich will es aber verstehen.«

Das Wort Jude hatte ich in letzter Zeit öfter gehört. Es war ein Schimpfwort. Ich ging zu Alma in die

Küche. Sie säbelte gerade Scheiben vom Knochenschinken. »Alma, was sind Juden?«

Alma wußte es von dem Korbflechter, mit dem sie seit Wochen ging. »Man hört schlimme Sachen über ihnen. Sie verdienen den Christenmenschen det Jeld aus der Tasche und legen jeden uff't Kreuze, der nich jenau uffpaßt – jeschäftlich betrachtet. Et is allens ihre Schuld.«

»Was, Alma?«

»Na, ebend allet, wo se ihre krummen Neesen rinstecken. Die hamse von die Hexen jeerbt.«

»Hans Rosenberg und Beppo und Anita hatten aber keine krummen Nasen.«

»Ick weeß. Frau Adler sah so blond und sauba aus wie det Meechen uff de Nivea-Reklame. Aber det täuscht. Det besacht janischt. Manchen wächst det Böse ebend nach innen und is unsichtbar. Aber im Charakta kommts eenes Tages doch raus, da könnse machen, wasse wolln. Müssen wa Jott uff Knien danken, Mulleken, det wa Aria sind.«

»Was sind Arier?« fragte ich.

»Na, ebend keene Juden, Mohren, Polacken und Chinesen. Ebend wir, die Herrenrasse!«

»Und woran erkennt man die?«

»Ans anständje Blut. Anständjes, arisches Blut, schon von Uromas Kindesbeene an. Det will ooch der Führer.« Sie gab mir ein Stück Schinken vom Knochen, das hatte ich am liebsten, weil es ein bißchen verkommen schmeckte. Danach schob sie den Schinken in seinen Leinensack, verstaute ihn in der Speisekammer und kehrte zu meiner Ratlosigkeit zurück. »Solln wa froh sein, Mulleken, det det Jesindel freiwillig abhaut.«

Ich begriff das alles nicht. Ich war unter Juden aufgewachsen, ohne zu wissen, daß sie Juden waren. Sie waren unsere Nachbarn, unser Hausarzt, Beppo und Anita sind meine besten Freunde gewesen, ihr plötzlicher Ausfall noch nicht durch neue beste Freunde ersetzt. Und auf einmal waren sie laut Alma Gesindel.

Eines Morgens, während der Herbstferien, hielt wieder ein leerer Möbelwagen vor unserem Haus. Ich sah ihn zufällig vom Balkon aus und überlegte, wer denn nun noch von den alten Mietern ausziehen mußte, weil er kein Herrenmensch war.

Da klingelten die Ziehmänner in ihren blauweiß gestreiften Hemden an unserer Wohnungstür. An unserer Tür! Also auch wir! Nein, bittebittebitte, nicht wir auch. Ich wollte nicht fort. Ich wollte im Grunewald bleiben, und warum hatten mir meine Eltern nichts gesagt? Haben Horwitzens und Adlers ihren Kindern vorher auch nichts vom Auswandern erzählt?

Und wer von meinen Eltern war kein Herrenmensch? Mein Vater mit seiner gebogenen Nase und den schwarzen Locken? Meine Mutter? Der wuchs das Böse nicht mal unsichtbar nach innen.

Weswegen mußten wir denn nun auswandern? Und wohin??

Es war niemand da, an den ich mich in meiner Not wenden konnte. Mein Vater im Büro, meine Mutter in der Stadt, und Alma hatte auch kein Ohr für meine Not.

Sie schäkerte mit den Möbelträgern.

Nun ade, du mein lieb Heimatland,

lieb Heimatland, ade!

Ich ging in mein Zimmer und holte meine vollgeschriebenen Romanhefte aus ihrem Versteck und meine liebsten Bücher aus dem Regal und etwas zum Anziehen. Während ich alles zusammenpackte, wurde im Eßzimmer das Ritterbuffet abgebaut und herausgetragen und dann der Rest und auch das bleischwere Renaissanceherrenzimmer der Geheimratswitwe. Die Träger fluchten und ächzten unter der Last.

Plötzlich stand Alma in der Tür zum Kinderzimmer und staunte: »Wat machste denn, Mulleken? Willste verreisen?«

Ich blickte Alma stumm an – Almas plumpes, breites Gesicht, die formlose Figur auf kurzen, stämmigen Beinen in Makostrümpfen. Alma gehörte zur Herrenrasse, und ich war plötzlich ein ausgestoßenes Kind.

»Wo ist Mutti, Alma? Wann kommt sie wieder?«

»Keen blassen Schimmer. Wenn se uff Auktion is und Porzellan steigern kann, verjißt se Zeit und Raum. Dabei ham wa nun wirklich jenuch Fijuren rumstehn, die kaputtjehn, wenn man se bloß scharf ankiekt.«

In mir keimte Hoffnung. »Aber die Möbelleute?«

»Die holn die ollen Trümmer ab. Dafür kriejen wir lauter neue Sachen.«

»Dann wandern wir also nicht aus?«

Nun guckte Alma dumm. »Wie kommst'n dadruff? Haste schlecht jeträumt?«

Der Eisenring, der mein Herz umklammert hatte, zerbrach und fiel aufs Parkett, ich hopste drauf herum, lachte unbeschreiblich erleichtert und froh!

Alma fragte, ob bei mir eine Schraube locker wäre, als sie mich wie Rumpelstilzchen hüpfen sah.

Gegen Mittag kam meine Mutter von der Kunstauktion zurück. Sie hatte ein Meißen-Marcolini-Service mit Sepiamalerei erstanden, das wäre beinahe zur Bruch gegangen unter meiner heftigen Umarmung. Zärtlichkeiten überschwenglicher Art waren in unserer Familie nicht üblich, aber dies war ein Ausnahmefall.

Wie leicht hätte mich der Storch damals bei Horwitzens oder Adlers oder Rosenbergs oder Gumkowskis abgeben können, anstatt bei meinen Eltern. Dann wäre ich jetzt ein jüdisches, verbotenes Kind!

Mein Blut war vom rassischen Standpunkt aus sauber, weil meine Vorfahren, egal, ob sie menschlich etwas getaugt hatten, arisch gewesen waren. Ich durfte bleiben.

Diese halbe Stunde tiefer Verzweiflung und Ratlosigkeit, in der ich glaubte, auch wir hätten zu den Unerwünschten gezählt, die, ohne eine Straftat begangen zu haben, auf einmal nicht mehr zur anständigen, menschlichen Gesellschaft gehörten, werde ich nie vergessen. Ich begriff auf einmal, wie den Mädchen in meiner Klasse, wie Anita und den gräßlichen Horwitzkindern und meinem Freund Beppo zumute gewesen sein muß... das heißt, Beppo wanderte ganz gerne aus. Erstens bewahrte es ihn vorm Sitzenbleiben, und zweitens wollte er immer Seemann werden, um die Welt kennenzulernen. Von Amsterdam aus war das bestimmt leichter als von Berlin, wie ich inzwischen aus dem Atlas festgestellt hatte. (Aus »Eine Handvoll Glück«, 1982)

Wenn man sich mit Fremdwörtern einläßt

Im Flughafenrestaurant wartete ich auf den Abflug der nächsten Maschine nach Berlin. Bestellte zuerst einen Tee, später eine Königinpastete und bat den Ober, mir die Worcestersoße zu bringen. Ich sprach sie korrekt »Wuster« aus.

Darauf guckte mich der Ober mitleidig an. »Sie meinen wohl Worschäster, meine Dame.« Ich nickte, was sollte ich mich streiten, darauf er: »Wer Fremdwörter nicht beherrscht, sollte sie lieber nicht gebrauchen.«

Diese Bemerkung machte mich sehr ärgerlich. »Ich möchte keine Belehrung, sondern die Soße, ja???«

Aber daraus wurde leider nichts wegen der Diskussion, die sich zwischen dem Ober und den umliegenden Tischen, die zugehört hatten, entspann.

Es ging darum, ob die Soße nun Wuster oder Worschäster ausgesprochen wurde. Die meisten plädierten für Worschäster, es war aber ein Schauspieler vom Württembergischen Staatstheater dabei, der versicherte, daß in Shakespeares »Heinrich IV.« der Earl of Worcester wie Wuster ausgesprochen wurde. Er mußte das wissen, denn er hatte ihn selbst gespielt. Der Ober entgegnete rüde, was hätte Shakespeare mit der Soße zu tun, er habe auch drei Jahre Englisch gehabt und sage Worschäster. Basta.

Vom Tisch eines einzelnen Herrn, der nicht an der Diskussion teilgenommen hatte, weil zu weit entfernt, griff er die Soße mit rabiatem Schwung, wobei sein Ellbogen das große Helle umstieß, das vor dem einzelnen Herrn stand und nun demselben über die Hose strömte. Ein großes Helles bedeutet sehr viel Bier für eine Hose. Der einzelne Herr tat bekümmert kund, daß er auf dem Wege nach Hannover sei, um sich dort bei einer seriösen Firma vorzustellen, aber wie denn so klitschnaß und im Geruch an eine Eckstehbierkneipe erinnernd? Der Ober knallte mir die Soße mit dem Vorwurf »Nu sehn Se, was Sie mit Ihrem Wuster am Anrichten sind!« vor die Nase.

Ich sah und roch es, legte Geld auf den Tisch, ergriff mein Handgepäck und verließ fluchtartig das Restaurant, obgleich mir keiner Schuld bewußt. Aber manchmal ist es eben besser, rechtzeitig zu gehen. Vor allem, wenn man über ein leicht aus der Kontrolle zu schleuderndes Mundwerk verfügt.

Nun saß ich in der Abflughalle zwischen anderen Wartenden, von denselben milde lächelnd betrachtet, vor allem meine rechte Hand. In ihr hielt ich die Handschuhe, eine zusammengerollte Zeitung und die Worcestersoße.

(Aus »Ein Stück vom Leben«, 1984)

Der unaufhaltsame Aufstieg eines Sitzenbleibers

Philips Lern- und Mogeljahre sind erfolgreich beendet. Ich kann jetzt ohne Hosenflattern am Gymnasium vorüberfahren. »Ein zu schönes Gefühl«, sage ich zu ihm und seinem Freund Manuel, die mit mir im Wagen sitzen. »Es gab Zeiten, wo außer Philip selbst niemand daran geglaubt hat, daß er mal das Abitur schaffen würde. Er war ja Legastheniker.«

»Mußte dir mal Manus schulische Laufbahn erzählen lassen. Staunste aber«, sagt Philip. »Gegen den war ich harmlos.«

Als Manuel eingeschult wurde, gab es für Lernschwierigkeiten diesen wissenschaftlich veredelten Fachbegriff Legasthenie überhaupt noch nicht.

»Damals war ich eben einer, der im Unterricht nicht mitkam«, erzählt Manuel. »Meine Eltern dachten, ich wär faul, bis sie merkten, daß ich wirklich nicht besser konnte. Meine Mutter hat an mir geschüttelt wie an 'nem Automaten – irgendwann müßte der Groschen doch fallen. Fiel aber nicht. Hat sie täglich mit mir gearbeitet. Was dabei rauskam, waren fünfzig bis sechzig Fehler pro Heftseite. War entschieden zuviel. Der Schulrektor ließ sie kommen: ›Haben Sie bloß keinen falschen Ehrgeiz mit dem Knaben von wegen Realschule und so. Seien Sie froh, wenn er den Hauptschulabschluß schafft.‹ Daraufhin meine Mutter: ›Es ist mir ziemlich schnuppe, ob er die Hauptschule schafft, Hauptsache, der schafft den Nobelpreis.‹ Und meldete mich im Gymnasium an. Die Aufnahmeprüfung habe ich mit Ach und Krach gemeistert. Aber dann! Meine Lehrer verzweifelten an mir. Ich hab sie getröstet: ›Lassen Sie man, das schaff ich schon.‹«

Genau wie Philip glaubte Manuel fest an seinen Erfolg, irgendwann. Ein Mantel von Optimismus hüllte ihr schulisches Versagen ein.

»Als feststand, daß ich das Probevierteljahr nicht bestehe und runter muß, war meine Mutter beinahe so oft in der Schule wie ich«, sagt Manuel. »Wie ein Kampfroß fegte sie in der Pause über den Flur zum Direktor. Er solle mich wenigstens bis zum Ende des Schuljahres behalten. ›Der Junge ist intelligent, nur lernbehindert. Geben Sie ihm eine Chance!‹ Stete Mutter höhlte den Direktor. Er sagte in Gottes Namen ja. Lieber behielt er den Knaben, wenn er dadurch die Mutter los wurde.«

Noch am selben Tag schmiß Manuel ein paar Schulfenster ein. Das war ein Fehler, denn nun hatte man an diesem Institut endgültig die Nase von ihm voll. Wohin nun mit dem zukünftigen Nobelpreisträger? Wohin? Schließlich brachte die Mutter ihn in der Tagesschule eines Internats unter. Da fiel er erst durch die fünfte und dann durch die sechste Klasse – und damit war sein Durchfallsoll in der Unterstufe Gymnasium restlos erfüllt. Nun ging nichts mehr. Seine Mutter rannte umgehend mit ihm zur Psychologin.

»Mann, was du alles mit dir hast machen lassen«, sagt Philip. »Meine Mutter hätte mich nicht mal mit dem Kran zu einer hingekriegt.«

»Ach, weißt du, ich hab ja 'ne robuste Frohnatur. Das hat mir die Psychologin in ihrem Gutachten bestätigt. Mit dem und mit meinem Vater – diesmal mußte er mit – suchte meine Mutter die oberste Schulbehörde heim und hat erreicht, daß ich die sechste Klasse wiederholen durfte. Dazu kriegte ich einen Nachhilfelehrer. Der wohnte sogar bei uns. Mein Vater dachte schon, er muß 'n Kredit aufnehmen.«

»Und wozu die ganze Quälerei?« frage ich. »So ein Leistungsstreß ist doch unverantwortlich. Dabei kriegt ein Kind Schäden fürs Leben.«

»Ich sollte unbedingt die mittlere Reife schaffen«, sagt Manuel. »Mein Vater gab sich der Illusion hin, daß ich später mal seinen kleinen Betrieb übernehmen würde. In der neunten Klasse habe ich noch eine Ehrenrunde geschmissen. Da durfte ich noch mal. War ja schon Mittelstufe. Und dann habe ich die zehnte gemacht. Inzwischen war ich neunzehn. Meine Lehrer schrieben mir ein freundliches Abgangszeugnis. Die waren so glücklich, mich los zu sein«, erzählt Manuel heiter. »Ich hab dann einen Aushilfsjob im Krankenhaus angenommen, um was zu verdienen. Da war ich echt ein Erfolg. Nun wußte ich endlich, was ich werden wollte: Arzt. Aber dazu brauchte ich das Abitur.«

»O Jesus«, sage ich.

»Das sagten meine Lehrer auch, als sie mich nach den großen Ferien wiederhatten. Aber nun ging es zügig durch. Es kamen ja ab der zwölften Klasse die Leistungskurse. Mit Mathe und Sport kriegte ich die nötigen Punkte für ein Dreierabitur zusammen.«

»Deine Eltern waren sicher wahnsinnig stolz auf dich«, sage ich.

»Einerseits schon. Andererseits wachsen ihnen neue graue Haare: Wieso ausgerechnet Medizin? Bei deinem miesen Latein und deiner Rechtschreibung! Das schaffst du nie, Junge. Außerdem kriegst du keinen Studienplatz mit einem Dreierabitur! Jetzt gibt selbst meine Mutter auf. Ich nicht.« Er grinst mich zuversichtlich an. »Ich schaff das schon!«

Wer weiß, vielleicht geschieht ein Wunder. Vielleicht wird er wirklich Arzt. Sollte ich das noch erleben, möchte ich gern sein Patient sein. Ich sehe Manu mit seinem unerschütterlichen Optimismus an meinem Krankenbett sitzen und versichern: »Sie schaffen das schon...« (1977)

»Hündchen zu verkaufen«

Pankow. Ich begegnete ihm an einem Dezembertag auf dem Bahnhof Zoo. Er hatte seinen Kopf in die Armbeuge eines etwa zwölfjährigen Jungen geschoben und zitterte. »Amis – Bulgarien – West – Ost – Schokolade –«, leierten die Schieber die Vorübergehenden an. Manche blieben stehen zum Verhandeln. Ein Blinder spielte auf der Mundharmonika Altberliner Lieder, die keinen mehr rührten. Der Junge trat von einem frierenden Fuß auf den andern, und auch seine Stimme zitterte vor Kälte: »Hündchen – liebet, kleenet Hündchen billig zu vakoofen – aber nur in jute Hände –«

»Ooch noch Ansprüche stellen«, hörte ich einen Mann mosern. »Wo doch noch ja nischt an dem dran is.«

Es war die Zeit, wo die Tierliebe durch den Magen ging. Ich bummelte an den Behelfsläden der Joachimsthaler Straße entlang auf der Suche nach einem aus einem Stahlhelm umfunktionierten Kochtopf für meine Mutter, aber der kleine Hund ging mir nicht aus dem Kopf. Ich kehrte um.

Da stand der Junge noch immer und pries sein liebet kleenet Hündchen an. Mit seinem versteckten Kopf sah es aus wie ein Muff aus billigem Fell. Daß es lebte, war nur an seinem ständigen Zittern zu erkennen.

»Den wirste wohl nich los?« sprach ich den Jungen an.

»Will ick ooch jar nich«, sagte er. »Aber ick darf'n ooch nich wieder mit nach Hause bringen. Wir ham ja selber nischt zu fressen und ooch noch die Mutta von ihm.«

»Kann ich ihn mal sehen?«

Er stellte ihn auf den Boden. Schwarzes, stumpfes Fell, hellbraune Schlappohren an einem viel zu großen Kopf mit schwarzer Maske auf dünnem Hals. Jede Rippe war zu sehen und der Bauch eingefallen. Ringelschwanz. Knickbeine.

»Was soll er'n kosten?« fragte ich.

»Zwanzig Märker.«

»Soviel hab ich nich.«

»Wat ham Se denn?«

Ich holte mein Portemonnaie heraus. Gemeinsam schauten wir hinein. Zählten drei Mark siebenundzwanzig. Das war nicht doll.

Der Junge sah mich prüfend an. »Mögen Se Hunde?«

Ich hob den Welpen hoch, sah den winzigen Haarzipfel auf dem Bauch – also ein Rüde. »Wie alt?«

»Fünf Wochen.«

»Wie sieht seine Mutter aus?«

»Na, det is nich so genau zu sagen – bisken wie'n Terrier, wa?«

»Und sein Vater?«

»Den kenn wa nich, Frollein, aber er is aus Pankow, jenau wie wir. Ich kenn mein Vater ooch nich.«

»Er hat ziemlich große Pfoten«, stellte ich fest.

»Ach, det macht nischt, det vawächst sich«, versicherte er, »der wird bestümmt nich jrößer wie'n Terrier.« Nachdem der Hund ein Seechen gemacht hatte, nahm er ihn wieder hoch. »Seine sechs Jeschwister ham wa gleich nach de Jeburt ersäuft. Von die wissen wa wenigstens, dat se's jetzt jut ham.« Plötzlich aggressives Mißtrauen: »Sie woll'n ihm bestümmt nich für die Pfanne, Frollein?«

»Du hast doch 'ne Meise, Mensch!«

Das beruhigte ihn. »Aber wird er ooch satt bei Sie?«

»Nee.«

»Kriegt er wenigstens 'n Stücke Jrün?«

»Wir haben einen Garten in Wannsee.«

Da war der Junge erleichtert. »Jem Se mir Ihre drei Märker, und die Sache is jeritzt.«

Er drückte ihn mir in den Arm und war verschwunden, ehe ich es mir anders überlegen konnte. Da stand ich nun mit einem halbverhungerten Bastardwelpen im Arm, den ich eigentlich gar nicht haben wollte und nicht ernähren konnte, den ich nur vor der Pfanne hatte retten wollen.

Meine Mutter würde bei seinem Anblick die Hände

über dem Kopf zusammenschlagen, mich beschimpfen und anschließend ihre paar erfrorenen Kartoffeln, die sie selber dringend nötig hatte, mit ihm teilen. Sein Herz klopfte schnell in meiner Hand.

Niemand im Zug fand ihn niedlich. Nur ein ausgemergelter Heimkehrer fragte, ob er ihn mal streicheln könnte. Weil er wohl schon lange nichts mehr zum Streicheln gehabt hatte. Was sollte ich jetzt bloß mit diesem Krepierling anfangen? Hätte ich mir das nicht früher überlegen können?

Als der Zug in Grunewald einfuhr, hatte ich plötzlich eine Idee. Ich trug das Hündchen zu Barris. Barris war gerade von einer Besprechung nach Hause gekommen und hockte fluchend vor dem Herd, der ausgegangen war. Ich hatte den Hund die Treppen hinaufgetragen und ließ ihn jetzt frei. Er rollte auf Barris zu und krabbelte auf seinen Schuh. »Ist das dein Hund?«

»Nein. Ich such erst noch 'nen Platz für ihn. Aber keinen Kochtopf.«

Ich nahm Barris das Heizen des Ofens ab, damit er sich mit dem Hund befassen konnte, der hinter ihm herlief, als ob er wüßte, worum es ging.

»Sie kennen doch so viele Alliierte. Vielleicht daß einer ihn haben möchte?« sagte ich. »Er ist keine Schönheit, aber ganz niedlich, oder? Fünf Wochen alt.« Und als Barris noch immer nichts sagte, fiel mir nur noch ein: »Er ist aus Pankow.«

»Pankow?« Barris hob den Hund auf. Die beiden sahen sich an.

»Vielleicht finden Sie jemand, der ihn nimmt?«

»Luischen«, grinste Barris, »tu nicht so scheinheilig. Du hast Pankow zu mir gebracht in der Hoffnung, daß ich auf ihn hereinfalle. Du willst ihn mir andrehen.«

»Sie haben ihn Pankow genannt«, war mir aufgefallen. »Damit hat er ja schon einen Namen.«

Trotzdem ging ich vierzehn Tage nicht zu Barris, aus Sorge, er könnte ihn mir zurückgeben.

Dann besuchte Jola ihre Mutter und berichtete mir anschließend: »Barris hat 'nen jungen Hund, ein potthäßliches Vieh. Heißt Pankow. Saß mit ihm Hand in Hand auf dem Sofa, als ich kam. Aber ins Bett darf er ihn nicht mitnehmen. Hat Mami verboten. Nun kommt Pankow erst zu Barris ins Bett, wenn sie schon schläft.«

(Aus »Ein Stück vom Leben«, 1984)

Kreuzfahrt-Abenteuer

Die Küste von Florida versank in der Nacht. Der Produzent gab sich gerade relaxed dem Studium der Speisekarte hin, als der Produktionsleiter an seinen Tisch trat und mit verdächtig behutsamem Tonfall in der Stimme »Bestellen Sie sich erst mal einen Drink« sagte.

»Großer Jott, wat nu schon wieda?« Der Produzent ahnte Unheil.

»Zwei Kisten fehlen. Eine mit Lampen und eine mit Kostümen.«

»Wo sind die Kisten?«

»Verschollen. Wahrscheinlich in Mexico City stehengeblieben.«

»Welche Kostüme sind drin?«

»Alle die, die wir für die nächsten Tage zum Drehen brauchen.«

Aus war es mit einem legeren ersten Abend an Bord. Umsonst die wochenlange Mühe beim Zusammenknobeln der Drehpläne. (So ein Plan enthält die für einen Tag vorgesehenen Szenen, Drehorte, Motive und Dekorationen, die Namen der dazu benötigten Darsteller sowie eine präzise Zeiteinteilung für Maske, Garderobe und Drehbeginn. (Der Produzent: »Diese Pläne sind sehr wichtig, denn die Schauspieler werden nach Tagesgage verpflichtet. Drehste mit ihnen bloß zehn Minuten außerhalb der festgesetzten Zeit, langen sie nach mehr Gage hin.«)

Bis zum Morgengrauen tüftelten Regisseur und Stab neue Pläne aus, bei denen die fehlenden Kostüme nicht gebraucht wurden. Sie konnten leider nicht improvisieren, weil die Anschlußszenen bereits im Atelier gedreht worden waren. Inzwischen hatte eine telefonische Suchaktion ergeben, daß die Kisten in Cozumel stehengeblieben waren. Sie sollten zum nächsten Hafen umgeleitet werden, den das Schiff anlief: das war Hamilton auf den Bermudas.

Der Produzent: »Wir kommen also nach Hamilton. Opitz, unser überstrapazierter Aufnahmeleiter, eilt sofort zum Flughafen, um sie abzuholen. Es dauert nicht lange – da isser wieder da. Ohne Kisten. ›Wo sind die Kisten, Opitz?‹ – ›Sie werden's nicht glauben, aber die sind beim Umladen in Baltimore stehengeblieben.‹ Weeßte, wo Baltimore is? Nördlich von Washington. Na ja, so 'ne Kisten kommen ebend rum in der Welt. Wir hockten bloß noch am Telefon, und det is so mühsam über Funk. Hunderte von Mark ham wir vertelefoniert. Aber denn hatten wir die Zusicherung, daß am nächsten Mittag die Kisten via New York bestimmt in Hamilton landen würden. Na jut. Wir zum Kapitän: ›Wann laufen wir morgen aus?‹ – ›Um siebzehn Uhr.‹ Das war kein Problem. Unsere Kisten würden um vierzehn Uhr dreißig eintreffen.

Schnitt.

Nächster Morgen. Wir ahnen nischt Böset, plötzlich Jebrabbel im Lautsprecher. ›Achtung, Achtung, eine Durchsage. Hier spricht der Kapitän. Wir haben soeben von der Hafenbehörde erfahren, daß heute nachmittag ein Streik beginnt. Wir müssen deshalb die Abfahrt von siebzehn Uhr auf vierzehn Uhr vorverlegen, weil wir sonst nicht mehr den Hafen verlassen können.‹

Also det hältste im Koppe nich aus –!

›Ooooopitz! Opitz!! Wo steckt er denn?‹

Er kam. Man sah ihm inzwischen sein Heimweh nach jeordneten Verhältnissen an.

Große Krisensitzung. Um vierzehn Uhr verlassen wir den Hafen. Um vierzehn dreißig kommen unsere Kisten auf dem Flughafen an. Opitz weigert sich, mit den bleischweren Dingern nachzuschwimmen. Beschluß: Opitz holt die Kisten vom Flughafen ab, besteigt mit ihnen eine Barkasse und fährt raus auf See, wo das Schiff wartet und alle drei an Bord nimmt. Außerhalb des Hafens ist ja kein Streik. Alles klar? Alles klar.

Schnitt.

14 Uhr. Sämtliche Passagiere sind an Bord. Anker hoch, Trossen los, der Kahn verläßt den Hafen. Kaum biegt er in die offene See, fängt er an zu schau-

keln. Ein Sturm war aufjekommen. Es dauerte nich lange, da sahen wir die Barkasse durch die Wellen auf uns zuhüpfen. Mit Opitz und den Kisten an Bord. Na Jottseidank. Da war'n se endlich.

Denkste.

Wir konnten die Kisten nicht an Bord hieven, weil der Seegang zu stark war. Nu schaukelten sie tief unten und kiekten verzweifelt hoch, und wir schaukelten hoch oben und kiekten verzagt runter. Aba nischt zu machen. Gerade den Opitz kriegten wir an Bord, die Kisten mußten in den Hafen zurück. Am meisten hat ihnen eine Schauspielerin nachjeheult. Die hatte nämlich ihre Privatgarderobe in ihnen mit drin und nu schon den vierten Tag denselben Fummel an.

Der nächste Hafen war St. Thomas auf den Virgin Islands. Hier empfing uns ein strahlender Vertreter der Reederei: ›Die Kisten sind da.‹ Wieso Kisten – wir sahen bloß eine – die mit den Kostümen. Die andre jab's nich mehr, nicht eine Latte war mehr von ihr übrig. Ihr Inhalt lag auf dem Kai verstreut. Der Kameramann durfte sich seine Lampen einzeln zusammensammeln. – So, nu siehste mal, was sich det wirkliche Leben für dußlige Stories einfallen läßt, um uns die Dreharbeiten zu versüßen.«

*

Vor Rio legen wir in Salvador da Bahia an. Das war früher Brasiliens Hauptstadt mit dem größten

Markt für afrikanische Sklaven. Noch heute ist ihre Bevölkerung die dunkelhäutigste des ganzen Landes.

Salvador hat wunderschöne Kirchen und Straßenzüge aus der Kolonialzeit: Historie vergammelt in pastellfarbener Pracht hügelauf und -ab, und von überall schaut man aufs Meer.

Es ist Freitag, der 11. Februar, früher Nachmittag. Die Geschäfte haben schon geschlossen. Wir schlendern an farbig gekacheltem Barock entlang. Aus jedem Fenster dröhnen aufpeitschende Sambarhythmen. Der »Carnaval« tritt in sein Endstadium, geht auf die Straße. Eine seltsame, erregende Stimmung, wie in Pamplona, bevor die Stiere losgelassen werden. Flöten, Trommeln und Tamburins, hohe, kreischende Stimmen – erste Masken tauchen auf – ein Neger mit bleischwerer Krinoline aus Cocadosen – Charlie Chaplin watschelt vorbei – der Tod persönlich – und dann ein silbergespritzter Buddha mit Wackelkopf und rosa Wackelzunge, wie lange will er das durchhalten?

Immer mehr junge Leute in Hot pants, T-Shirts und Turnschuhen tänzeln aus Seitengassen unter die farbigen Transparente, die über die Hauptstraßen gespannt sind. Ein buntbemalter Straßenkreuzer fährt Schritt durch sich rasch verdichtendes Gewühl. Sein Fahrer sieht nichts außer den Popos und Waden der auf dem Kühler Tanzenden. Hinter ihm drängen sich etwa zwanzig Typen auf den Sitzen und dem Heck.

Es ist schon hart, was so ein Carnavals-Cabrio durchstehen muß. Bei uns, wo jeder sein Auto hegt und besser behandelt als manchen Verwandten, wäre das undenkbar. Aber wer denkt hier schon über den Carnaval hinaus. Viele Leute haben das bißchen, was sie besitzen, ins Pfandhaus getragen, um in den tollen Tagen liquide zu sein. Die meisten haben nichts zum Versetzen.

Eine Gruppe von Sambatänzern schiebt sich, durch ein Seil von der übrigen Straße isoliert, an uns vorbei. Wir mit unseren Kameras werden immer enger von kakaobraunen, schweißdünstenden Körpern eingeschlossen. Sie bewegen sich mit kleinen, lässigen Schritten, aus der Hüfte geschüttelt – mit Gummiknien – es ist ansteckend wie eine Seuche – ist ein Rausch – kommt aus dem Bauch – macht unheimlich fröhlich und sorglos – Samba ist die Droge der Ärmsten.

Der Produzent hinter mir: »Sag ma, so hab ick dich noch nie loofen sehn. Is wat?«

»Ich laufe nicht, ich tanze Samba.«

»Woher kannste'n dis?«

»Schon lange her. Da hab ich Brasilianern Englischunterricht gegeben. Ob sie bei mir Englisch gelernt haben, weiß ich nicht, aber ich hab von ihnen Samba gelernt. Ich wollte sogar mal hierher auswandern.«

»Ach nee. Wegen 'nem Kerl, wa?«

»Wegen Brasilien.«

»Ehrlich?«

»Der Brasilianer, den ich geliebt habe, lebte damals in New York.«

»Also doch wegen 'nem Kerl.«

»Er konnte übrigens nicht Samba tanzen. Das war ein Intellektueller.«

»Na, Mahlzeit«, sagt der Produzent und meint zwei junge Schwarze, die verletzt mit ihren Instrumenten auf dem Pflaster liegen. Wahrscheinlich sind sie aus einem Fenster gefallen. Es hängen ja Menschentrauben aus jedem einzelnen über die bröckelnden Hausfassaden.

Eine Blinde führt ihren blinden Sohn durch das Gedränge. Bettelnd ausgestreckte Hände. Einer von unseren Paparazzi greift in seine Hosentasche und zieht ein Bündel Scheine hervor. Es ist alles, was er bei sich hat. Viel Geld. Die Alte steckt es danklos ein und stolpert mit ihrem Jungen weiter. Ich muß an die Blinden denken, die Goya gemalt hat.

Auf dem Dach eines uralten Lasters – nach allen Seiten mit Tütenlautsprechern dekoriert – hockt eine graugekräuselte, zerknitterte, uralte Negerband. Aber wie die spielt –!

Eine Schauspielerin kauft Freundschaftsbänder bei einem fliegenden Händler und bindet sie jedem von uns um die Stirn, möchte ganz Salvador umarmen...Wir schieben uns aus der brodelnden, dampfenden Masse und trödeln zum Hafen hinunter. Die kreischenden Stimmen werden leiser, die Melodien hören auf – was übrigbleibt, sind Buschtrommeln...

Händler haben winzige Meerkatzenbabys auf ihren Schultern, die sich verängstigt in ihr Hemd krallen. Für jeden vorbeikommenden Touristen reißen sie sie herunter und strecken sie ihm hin: »Take – is nice – não caro – not expensive –«

Diejenigen Passagiere, die ein Äffchen mit an Bord bringen, brauchen sich im übrigen keine Gedanken zu machen, was sie daheim mit ihm anfangen sollen. Er überlebt die Air-condition in den Kabinen nur einen Tag.

Das Schiff gleitet aus dem Hafen mit seinem malerisch vorgebauten Fort in die kurze Dämmerung zwischen Sonnenuntergang und Nacht. Wir fahren an Salvadors bewohnten Hügeln entlang – an beleuchteten Kirchen und Hochhäusern, transparent durch Hunderte von erleuchteten Fenstern. Lichterketten zeichnen die Straßen ein, treffen auf einem besonders hellen Punkt zusammen – einem Platz, auf dem der Carnaval brodelt, ein dampfender Kessel in dieser heißen Nacht.

Bahia gleitet zurück, wir steamern ins offene Meer. Es ist nun Nacht und kühler.

Adios Salvador da Bahia – ein kleines Stück von mir bleibt zurück. Ein Stück Sehnsucht, ein Stück Wunsch, wiederzukommen.

Von einem Steward bleibt sogar sehr viel mehr in Salvador, als er freiwillig dalassen wollte. Er ist mit vorgehaltener Pistole total ausgeplündert worden. Es war ein Gnadenakt, daß sie ihm wenigstens die Unterhose gelassen haben.

*

Und nun Rio. Zum ersten Mal für die meisten von uns Rio de Janeiro. Der Christus auf dem Corcovado schwebt über einer Wolke.

Man warnt uns dringend vor der massiven Kriminalität in Rios Straßen, vor allem beim Carnaval. »Bloß keinen Schmuck mitnehmen, keine Ohrstecher und Armbanduhren, die reißen alles ab.«

Rio. Hierher wollte ich mit zweiundzwanzig auswandern. Nun bin ich endlich da und habe Herzklopfen. Ob mein großer Freund wohl noch lebt? Und wenn, ob er in Rio ist? Er war nie ein Briefeschreiber. Wenn er da war, rief er an. Nun bin ich da.

Ich brauchte ein Telefonbuch. Es gab aber keins im weiten Umkreis. Die Post hatte zu. Sämtliche Geschäfte hatten zu. Selbst die Kirchen waren geschlossen. Alles wegen Carnaval.

»Bitte, wie komme ich zu einem Telefonbuch!« sprach ich einen Passanten an. (Bißchen Brasilianisch kann ich ja noch.)

Auf der Polizei, sagte er. Wenigstens die Polizei hat am Carnaval auf, aber das war ja jetzt auch ihre Hochsaison, was Verhaftungen anbelangt.

Der Mann nahm meinen widerstrebenden Arm und führte mich ab. Polizei kann jeder sagen. Ich sah weit und breit kein Revier. Wer weiß, was der mit mir vorhat. Auf dem Weg warnte er mich dringend vor kriminellen Cariocas.

Wer aber warnte mich vor ihm??

Er zog mich in ein Gebäude, das sich durch nichts als Polizeistelle auswies. Das Untergeschoß war ein leerer, schmutziger Raum, in dem ein paar Elendsfiguren, auf dem nackten Boden kauernd, vor sich hindämmerten. Rechts um die Ecke war ein Lift. Aus ihm stiegen fragwürdige Gestalten.

Nein – neien – da steig ich nicht ein. Wer weiß, wo wir landen! Mein Begleiter mußte – beschwörend lächelnd – beinahe Gewalt anwenden, um mich hineinzuziehen.

Im ersten Stock stiegen wir aus. Und wissen Sie, wo wir waren? Im Polizeirevier.

Der Reviervorsteher hatte gerade einen jungen Mestizen im Verhör. Als ich ihm mein Anliegen vortrug, ließ er den Knaben stehen, fragte mich nach dem Namen meines Freundes und fing an, in einem der fetten Telefonbücher Rios zu blättern.

Mein Begleiter nahm indessen auf dem Besucherbänkchen zwischen anderen Wartenden Platz und versammelte sich erwartungsvoll um seinen aufgestützten Regenschirm.

Einmal guckte der Polizist verschmitzt auf und fragte, ob es sich bei dem Gesuchten um eine ehemalige Liebe handele.

Ich nickte. »Aber schon lange her.«

Nun interessierten sich alle Anwesenden für meinen

Fall. Plötzlich knallte der Polizist seinen Zeigefingernagel triumphierend in eine Namenspalte. »Aqui, Senhora, seu namorado!« (Hier, Madame, ihr Liebhaber!)

Es gab meinen Freund also noch, und er hatte eine Adresse in Rio.

Der Polizist schrieb mir die Nummer auf einen Zettel, ich wollte mich bedanken und gehen, aber nix da. Ich mußte ihn sofort, vom Revierapparat aus, anrufen, damit alle um mich herum an diesem Wiederhören nach so vielen Jahren teilhaben konnten.

Nun ja, so hatte ich mir das eigentlich nicht vorgestellt, aber was blieb mir übrig –? Ich wählte die Nummer, es tutete mehrmals, ich hielt meinen Zuhörern das Tuten hin.

»Es meldet sich keiner.«

Da waren sie sehr enttäuscht.

Mein Begleiter brachte mich zum Hafentor zurück, um mein Wohl besorgt, als ob ich ihm anvertraut worden wäre. Als er mich in Sicherheit wußte, brach er mit halbstündiger Verspätung zu den Tribünen auf. Erst da war ich sicher vor seiner Fürsorge und konnte mich wieder in den Trubel begeben.

In den drei Tagen in Rio hörte ich ständig von Mord und Totschlag und brutalen Straßenräubern. Und lernte gleichzeitig besonders liebenswürdige, hilfsbereite, geradezu bezaubernde Menschen kennen, die mich beschützen wollten.

(Aus »So muß es wohl im Paradies gewesen sein«, 1984)

Im Stadtpark

Der Stadtpark ist eine Grünanlage mitten im Häusermeer – auch Volkspark, Tiergarten oder Läusepark genannt, das kommt ganz auf die Gegend an. Sein Eintritt ist frei – bei Glatteis auf eigene Gefahr. Man darf auf den Boden spucken und die Enten füttern. Aber sonst darf man nicht viel – es muß ja alles seine Ordnung haben. Hunde müssen selbstverständlich an der Leine gehen – und das tun sie auch, sofern der Wächter in der Nähe ist.

Der Stadtpark ist eine grüne Oase voller Verbotsschilder, ist der Wald des Großstädters, sozusagen seine rasche Luftveränderung während der Mittagspause. Für manche bleibt er das einzige Urlaubsziel.

Auf seinen Bänken turnen Säuglinge auf Mutters Schoß. Daneben sitzen Rentner, in ihr Lieblingsthema vertieft: die gute alte Zeit.

Im Stadtpark fängt das Leben an – im Stadtpark hört es auf.

Im Stadtpark fängt das Leben an.

Lieschen liegt unter einer lachsfarbenen Häkeldecke im Kinderwagen. Vom Stadtpark sieht sie noch nicht viel. Das liegt nicht nur an der verwaschenen Mütze, die ihr über ein Auge gerutscht ist. Das liegt vor allem an ihrer Jugend.

Über ihr turnen ein paar verschwommene Zweige im Wind... manchmal wird der gewohnte Ausblick durch einen Kopf verdunkelt, aus dem eine fremde Stimme auf sie niedersäuselt. Lieschen läuft darob rot an. Mutter schiebt einen nicht ganz sauberen Schnuller mitten in ihr Gebrüll und fährt rasch weiter. Die Wagenräder quietschen und eiern so vertraut, die Kutsche schuckelt – schuckelt Lieschen in einen freundlichen Schlaf...

So fängt das Leben im Stadtpark an.

Lieschen ist fünfzehn Monate alt, und Muttern hat schon wieder Nachwuchs in der Wiege.

Die großen Geschwister – vier und sieben Jahre alt – kriegen das Lieschen zur Betreuung aufgehalst. Das ist ärgerlich, aber was sollen sie machen?

Sie lassen den Kinderwagen die Abhänge im Stadtpark heruntersausen – schneller, immer schneller –, bis er gegen einen Stein kracht und umkippt. Lieschen schwimmt in einer Pfütze.

»Nu heul nich, Kleene, kriegst ja ooch'n Appelknust...«

Ein Glück, daß sie noch nicht petzen kann!

Manchmal darf sie ihren Wagen selber schieben.

Schiebt und tippelt über den großen Onkel. Wenn sie müde wird, erhält sie einen aufmunternden Tritt in die Kehrseite. »Nu loof doch, Kleene!« Aber es tut beinahe nicht weh. Die Windeln halten das Ärgste ab.

So lernt Lieschen im Stadtpark das Laufen.

Wem immerzu neue Geschwister beschert werden, der hat nicht lange Zeit, ein Kind zu bleiben. Mit sechs ist Lieschen beinahe schon erwachsen.

Es hütet seine kleinen Schwestern genauso fahrlässig, wie es selbst gehütet wurde – das muß man schließlich verstehen: *ein* Geschwister ist ein Spielkamerad. Viele kleine Geschwister sind lästige Bälger.

Zwischen dem Hüten lernt Lieschen im Stadtpark viele schöne Dinge kennen. Zum Beispiel die Sonne, deren Wärme nicht rußt wie der Ofen zu Hause in ihrer Wohnküche. Das Rennen über einen weichen, grünen Rasen – barfuß ist es am schönsten. Und das Spielzeug reicher Kinder. Marieluise sagt, zu Hause hätte sie sogar eine Puppenstube mit kompletter Kücheneinrichtung. Lieschens Habseligkeiten passen in einen Schuhkarton.

Vor allem aber lernt sie im Stadtpark die Tiere lieben. Die Enten mit ihrer Kinderschar und die Spatzen, die den behäbigen Tauben die Brotkrumen wegpicken. In ihren Schürzentaschen sammelt sie Regenwürmer und Käfer und Schnecken.

Der Parkwächter bringt Lieschen sieben Verbote bei, die da lauten: Du sollst nicht auf den Rasen treten. Du sollst nicht mit den Füßen auf Bänke klettern. Du sollst keine Enten mit Kieselsteinen füttern. Du sollst nicht im Springbrunnen baden. Du sollst keine alten Leute piesacken. Du sollst anderen Kindern nicht das Spielzeug klauen. Du sollst keine Blumen von amtlichen Beeten rupfen.

Im Stadtpark lernt Lieschen auch den Krieg kennen. Sie nimmt entweder als Sanitäter oder als toter Franzose daran teil. Siegen darf sie nie. Im Stadtpark holt sie sich zerschundene Knie, Triangel in den Schürzen und Ohrfeigen vom Parkwächter, weil sie sich den Teufel um die Verbote schert, bis auf eins: Sie füttert keine Enten, dafür ihre jüngste Schwester mit Kieselsteinen.

Es ist eine herrliche Zeit.

Lieschen ist dreizehn Jahre alt und der Winter besonders streng. Kinder rodeln die vereisten Abhänge hinunter, fahren sich gegenseitig über den Haufen. Wer keinen Schlitten hat wie Lieschen, der setzt sich einfach auf den Hintern, stößt kräftig mit den Hacken ab und schlittert – huuuih – in die Tiefe. Das geht ganz gut, bloß der Mantel wird schnell blank dabei.

Lieschen braucht nicht lange auf dem Podex zu rodeln, denn sie lernt einen Gymnasiasten mit Schlitten kennen, der nimmt sie vorne mit rauf. Lieschen kreischt vor Entzücken, und der Gymnasiast küßt sie aufs rotgefrorene Ohr, ziemlich ungeschickt zwar –

aber Lieschen kennt es noch nicht besser. Es ist ihr erster Kuß. Im Stadtpark, und überhaupt...

Der Gymnasiast macht sogar einen schönen Vers auf sie: »Lieschen, du bist mein – und das sollst du immer sein.«

Als Tauwetter einsetzt und die schwarzgerodelten Hänge des Stadtparks veröden, läßt er sich nicht mehr blicken.

Nach der Schule arbeitet sie in der Eckkneipe von Onkel Egon. Dort macht sie die Bekanntschaft des Bierkutschers Atze, das heißt, zuerst freundet sie sich mit seinen Rössern an. Atze hat ein Kreuz wie ein Ringer und Schmalzlocken rechts und links von seinem Mittelscheitel. Ein schöner Mann, schon vierundzwanzig. Einmal klatscht er Lieschen auf den Hintern, als sie die Dielen im Schankraum schrubbt, und meint, da ist ja noch gar nichts dran. Nun futtert Lieschen, damit was draufkommt und sie Atze gefällt.

Sie ist sechzehn, als er sie zu einem Fest seines Turnvereins mitnimmt. Ihr Heimweg führt sie durch den Stadtpark, wo es nach Maigrün und frisch gestrichenen Bänken duftet. Lieschen ist nicht das erste Mädchen, das im Stadtpark seine Unschuld verliert.

Ein Jahr später verlobt sie sich mit Atzes Kollegen Otto. Er ist nicht so schön wie Atze, aber dafür auch nicht so ein leichtsinniger Hahn. Er hat was auf der Kante und will eines Tages sein eigenes Fuhrgeschäft eröffnen. Auf einer Parkbank macht er ihr den Antrag.

So kommt Lieschen im Stadtpark zu einem guten Mann.

Von ihrem Küchenfenster aus sieht sie einen Zipfel vom Park. Sie schaut manchmal hinüber, wenn sie Windeln aufhängt. Die Baumkronen sind kahl und der Winter streng wie damals, als sie dreizehn war. Was wohl aus dem Gymnasiasten geworden ist?

Nicht etwa, daß Lieschen unglücklich in ihrer Ehe wäre. Otto ist fleißig und trinkt wenig. Er hat Lieschen noch nie geprügelt. Dennoch träumt sie manchmal zum Park hinüber und denkt, vielleicht habe ich was versäumt. Ich bin man grade achtzehn und schon wieder schwanger.

Wie die Zeit vergeht! Lieschens Ältester wird nächste Woche eingesegnet. Er geht aufs Gymnasium. Darauf hat sie bestanden. Die Tochter wurde krank geboren und braucht ständig Pflege. Es ist ein Elend mit dem armen Gör. Aber der Jüngste ist ihr ganzer Sonnenschein. Wenn er vom Spielen aus dem Stadtpark nach Hause kommt, hat er meistens Würmer und Schnecken in der Hosentasche – genau wie seine Mutter damals.

Otto besitzt inzwischen drei Droschken und kommt selten vor Mitternacht von Tour. Ihr Wohlstand macht sich in der Wohnung bemerkbar. Ein Schlafzimmer in hellgrünem Schleiflack mit Paradekissen auf den Ehebetten. Lieschen läßt immer die Tür offen, wenn Besuch kommt.

Der Jüngste bringt einen herrenlosen Hund vom Schulweg mit. Erst schimpft Lieschen, aber dann ist sie doch ganz froh, daß sie jemanden hat, mit dem sie in den Stadtpark gehen kann. Seit die arme Tochter letzten Winter gestorben ist, hat sie ja mehr Zeit. Als sie ihn eines Abends ausführt, es ist schon dunkel, da haut der Hund plötzlich ab, auf eine Bank zu, wo zwei sitzen. Springt hoch und jault und kümmert sich nicht darum, daß man ihn fortzuscheuchen versucht.

»Keine Sorge, er beißt nicht«, ruft Lieschen und stolpert eilig näher, um ihn einzufangen.

Auf der Bank sitzt ihr Gatte Otto mit einer jungen, drallen Person. »Es ist nicht so, wie du denkst«, stottert er. Aber Lieschen hat genug gesehen. Sie schlägt den beiden die Hundeleine um die Ohren und heult sich anschließend nach Hause. Nun hat sie kein Vertrauen mehr zu Otto, wenn er abends Taxe fährt.

So wurde Lieschen im Stadtpark betrogen.

Im Stadtpark lernte Lieschen das Kriegsspiel kennen. Als Sanitäter oder toter Franzmann.

Lieschens Söhne spielten Sedan und Verdun zwischen den gleichen Büschen und Rasenhängen. Der Feind verlor so manchen Milchzahn vor der Zeit.

Lieschens Enkel wiederum kämpfen hier gegen Polen, Franzosen, Engländer, Russen, Amerikaner. Ihre Schlachten werden zuweilen durch echtes Sirenengeheul gestört. Generale und Obergefreite, Gefangene und selbst die kleinen Toten rennen heim in die Keller, während Bomben die Häuser um den Stadtpark zerstören. Lieschens schöne Wohnung geht dabei in Flammen auf.

Eines Tages wird dann wirklich im Park gekämpft und nicht bloß zum Spaß gestorben. Es ist das erste Mal, daß der Russe im Stadtpark siegt.

Später errichtet man ein Denkmal für die hier Gefallenen, nicht weit vom Ententeich entfernt. Es dient der nächsten Generation als Flugzeugträger. Denn das Kriegspielen höret nimmer auf. Im Stadtpark nicht – und überhaupt.

Seit einem Jahr ist Lieschen Witwe. Seit einem Jahr gehört sie zu den einsamen, älteren Frauen, die auf den Sonnenbänken darauf lauern, daß der Tag vorübergeht. Zu Hause wartet niemand auf sie, die Kinder sind fortgezogen, Post kommt selten – und wenn's schon mal klingelt, dann ist es jemand, der kassieren will.

Aber eines Tages – es ist gerade Frühling, und auf der Parkbank neben Lieschen sitzt ein Rentner (macht 'n ganz soliden Eindruck, findet sie). Man kommt so ins Gespräch. Der Mann ist Witwer. »Aachgottchen, Sie auch?« Es stellt sich heraus, daß beider selige Gatten die gleiche Todesursache hatten. Das verbindet irgendwie.

»Meine Kinder sind bis nach Australien gemacht«, erzählt der Witwer.

Lieschen seufzt. »Meine auch. Nicht nach Australien. Nach Köln und Braunschweig. Aber das ist manchmal genauso weit.«

Nicht nur Lieschens Haare, auch ihr Leben bekommt wieder Farbe, seitdem sie den Witwer kennt.

Meistens zanken sie sich, aber was tut's – sie haben ihre beiden Einsamkeiten in einen Topf geworfen und sind wenigstens nicht mehr allein.

Einmal reisen sie per Bus nach Bad Pyrmont.

Sie wandern feingemacht durch die geblümten Anlagen. Die Kurkapelle spielt gerade die Ouvertüre »Leichte Kavallerie«. Da bleibt Lieschen plötzlich stehen. Und seufzt: »So schön! Soo wunderwunderschön! Wenn unser Stadtpark das hier sehen würde, wie klein und mickrig käme er sich wohl vor, was, Emil?«

»Und Musike kennt er ooch nich«, nickt der Witwer.

Nun ist der Witwer auch tot. Nichts hält Lieschen mehr davon ab, eine alte Frau zu werden. Und ein bißchen schmuddelig. Noch einmal gibt es einen Höhepunkt in ihrem Leben: ihren achtzigsten Geburtstag. Die Söhne, ihre Frauen, die Enkel und Urenkel kommen zu Besuch. Die Urenkel sind schon drei Generationen gebildeter als Lieschen. Am Sonntag vormittag müssen sie ihre besten Kleider anziehen, denn Lieschen führt sie in den Stadtpark. Sie steuert jede Bank an, auf der arme, einsame Rentner hocken und ruft schon von weitem: »He! Guten Tag!«, damit sie rechtzeitig ihre Brille suchen und Lieschens feine Verwandtschaft bewundern können.

Einen Tag lang ist Lieschen reich. Einen Tag lang

gehört sie nicht zu den armen, einsamen Rentnern auf den Parkbänken. Ja, sie bringt sogar Mitlied für sie auf.

Beim Abschied sagt ihr Ältester: »Was willst du hier so allein, Mutter? Zieh zu uns nach Köln.«

»Jaja«, sagt Lieschen, »ich will mal sehen.«

Am nächsten Tag erzählt sie den alten Leuten im Park: »Ich mach nu nach Köln. Für immer. Da habe ich meine Kinder. Was soll ich hier allein...«

Jeden Tag, sofern es nicht regnet, geht Lieschen in den Park, um ihren Umzug nach Köln zu besprechen. In allen Einzelheiten. Darüber vergeht der Sommer und der Herbst – Lieschen ist noch immer da.

Irgendwann ist auch dieses schöne Thema vollkommen ausgewertet und somit kein schönes Thema mehr. Sie spricht nicht länger vom Umziehen. Hier hat sie schließlich das Grab vom Otto und vom Witwer. Und den Stadtpark mit all seinen Erinnerungen.

Was soll Lieschen in Köln?

Nun hat sie Arthritis in beiden Knien und das Rheuma sowieso. Sie kann kaum noch krauchen, aber sie kümmert sich weiter um den Husten fremder Babys und verwickelt jeden, der sich ahnungslos neben sie setzt, in ein zähes Gespräch. »Wissen Se, ich komm nu schon vierundachtzig Jahre hierher. Tja, wenn mir damals einer gesacht hätte, deine Kinder werden dir mal im Fluchzeuch besuchen – meine Kinder geht's alle bong, müssen Se wissen, also wenn mir das einer gesacht hätte, na schön, hätt ich gesacht, der spinnt. Aaaber – wenn mir damals einer gesacht hätte: In vierundachtzig Jahren werden die Väter hier im Park die Kinderwagen schieben – also, dem hätt ich 'n Vogel gezeicht. Und nu isses so weit. Wie die Zeiten sich ändern – aber daß se sich sooo ändern würden!«

Es gibt eine Stadtpark-Bande: Halbstarke beiderlei Geschlechts in Lederjacken und Jeans. Sie demolieren nachts die Spielplätze und Anlagen und prügeln sich mit der Polizei. Es steht in allen Zeitungen.

Der Chef der Bande heißt Kalle, sein Stammzahn: Edeltraut. Sie sitzen neben Lieschen auf der Bank, ein Kofferradio auf den Knien, und hecken eine neue Untat aus.

»Biste stille«, warnt Edeltraut, »die Alte –«

»Laß man«, sagt Kalle, »die kenn ick. Die is taub wie 'ne Nuß. Nich wa, Omachen?« Er tätschelt Lieschens Schulter.

Lieschen erwacht aus ihrer freundlichen Gedankenlosigkeit und lächelt ihn gütig an. »Jaja«, nickt sie, »viel besser wie gestern. Und nich so windig.«

»Siehste«, sagt Kalle, »die vasteht bloß Bahnhof.« Er hebt sogar Lieschens Krücke auf, die immer wieder polternd auf die Erde fällt.

Sie denkt gerührt: Was 'n wohlerzogener junger Mann!

Lieschen kommt nur noch ganz selten in den Stadtpark. Nur dann, wenn die Nachbarin Zeit hat, ihren Rollstuhl hinzukarren. Lieschen ist siebenundachtzig Jahre alt. Das Geschrei der spielenden Kinder ist nur noch Erinnerung für sie – es dringt nicht mehr in die Stille ihrer Taubheit ein.

Ihr Rollstuhl steht übrigens auf der Parkwiese, weil gerade Sonnabend ist. Sonnabends zwischen zwölf und sieben ist das Betreten der verbotenen Wiese amtlich gestattet; so haben sich die Zeiten geändert! Um Lieschen herum lagern Familien in Unterröcken und Badehosen. Bunte Bälle sausen haarscharf über ihren Stuhl hinweg – manchmal auch dagegen. Dann schimpft Lieschen und droht mit dem Parkwächter – was keiner ernst nimmt.

Meistens schläft sie oder döst vor sich hin – genau wie damals vor siebenundachtzig Jahren unter der lachsfarbenen Decke. Über ihr turnen verschwommene Zweige im Wind… was ist inzwischen alles gewesen! Kaiser. Krieg. Kein Kaiser. Wieder Krieg. Der Gymnasiast – »Lieschen, du bist mein – und das sollst du immer sein« – der Atze – Otto – die Kinder – die Enkel – der Witwer – die Urenkel – die lange Einsamkeit – und immer der Stadtpark.

In ihm fing Lieschens Leben an – in ihm hört es nun langsam auf. (1960)

Wie ein Buchtitel entsteht

Es gibt Ausnahmefälle. Da habe ich einen schönen Titel, nur keinen Stoff, der dazu paßt.

Die Norm ist, daß ich drei Viertel des Buches bereits geschrieben habe, ohne zu wissen, wie es heißen wird. Wenn es im Herbst herauskommen soll, muß spätestens im Frühjahr der Titel stehen, denn ohne ihn können die Verlagsvertreter den Buchhändlern ja keinen Roman verkaufen. Schließlich geht es um die wichtigen Vorbestellungen.

Dann setzen sich am letztmöglichen Abend die Verlagsleiterin Brigitte und mein Lektor Bernhard mit mir und ein, zwei Flaschen Prosecco zwecks Anregung zusammen und scheiden nicht eher, als bis wir etwas Passendes gefunden haben.

Zuerst durchforsten wir gemeinsam mein unvollendetes Manuskript auf der Suche nach einer Anregung und machen uns Notizen.

Anhand meines letzten Romans möchte ich den Verlauf eines solchen Abends schildern.

Thema des Buches sind ältere Singles, vor allem

weibliche, die versuchen, sich mit ihrem Alleinsein zu arrangieren bei gleichzeitiger Hoffnung auf ein spätes Glück zu zweit. Ich möchte es gern »Singles« nennen. Das ist kurz und prägnant.

»Aber das kaufen dann die Verheirateten nicht«, werde ich belehrt.

»Trotzdem muß Single in den Titel hinein.« Darauf beharre ich.

Nun denken wir nach und nach.

»›Ein Single kommt selten allein‹«, sagt Bernhard. »So hieß ein Film, der neulich im Fernsehen lief. Sehr komisch. Da waren zwei Junggesellen, die dringend 'ne Frau suchten...«

»Nun erzähl uns bitte nicht den Inhalt. Inhalt haben wir. Außerdem finde ich den Titel nicht gut. Ich bin überhaupt dagegen, daß Singles drin vorkommen«, sagt Brigitte.

Mein zweiter Vorschlag wäre »Viktoria«. So heißt die Hauptperson.

»Geht nicht, gibt's schon bei Hamsun.«

»Und was haltet ihr von ›Viktoria (60)‹?«

»Zu alt. Das interessiert die jüngeren Leser nicht.«

Somit ist auch »Viktoria« gestorben.

»›Die Hoffnung hört nie auf‹.« Bernhard schaut uns besorgt an. »Auch nicht gut, wie?«

Nein, auch nicht gut.

»›Jeans mit sechzig‹.«

»Keine Altersangaben!«

»›Es fehlt ein Tischherr‹«, wobei Brigitte auf die

Begründung anspielt, warum Ehepaare ungern weibliche Singles zu ihren Abendessen einladen.

Bernhard schreibt den Titel erst mal auf. Wir suchen weiter.

»›Einzelzimmer sind teurer‹.«

»›Beschwingtes Solo‹.«

»›Sternschnuppen im September‹.«

»Gibt's die überhaupt im September?«

»Glaub schon.«

»Trotzdem, finde ich nicht gut.«

»Warum nicht?«

»Kein Monat, der so oft in Titeln vorkommt wie der September. Herbstmelancholie. Auch in Liedern. ›September Song‹ – ›The September of My Years‹. Habe ich auf CD von Sinatra. Wollt ihr mal hören?«

»Nein.«

»Dann nicht. – Was haltet ihr von ›Ein Stück vom Mann‹?« frage ich, an meinen Buchtitel »Ein Stück vom Leben« denkend.

Brigitte und Bernhard sehen mich interessiert an: »Welches?«

»Die Schulter.«

»Darauf wär ich nicht gekommen«, gesteht Brigitte und überlegt: »›Her mit den männlichen Schultern.‹«

»Wenn schon, dann im Singular.«

Bernhard blickt in sein Weinglas, sinniert dabei vor sich hin: »›Und in dem Wie – da liegt der ganze Unterschied‹«, schaut uns an: »Marschallin. ›Rosenkavalier.‹«

»Hm. Ist nicht schlecht. Bißchen lang. Schreib trotzdem auf.«

»›Und in dem Wie – da liegt der kleine Unterschied‹.«

»›Es war einmal ein kleiner Unterschied...‹«

»›Tempi passati‹.«

»›Der Zahn der Zeit‹.«

»Wenn schon, dann ›Die Krone am Zahn der Zeit‹.«

»›Viktoria hat noch einen Zahn...‹«

»›Weißt du, wieviel Zähne stehn...?‹«

»›Plomben im September‹.«

»›Ich hab noch meine Zähne in Berlin‹.«

Jetzt ist das eingetreten, wovor wir uns bei jeder Titelsuche fürchten: Wir werden albern. Darin sind wir unerschöpflich.

Bernhard entkorkt die zweite Flasche Prosecco. »Denkt daran, morgen ist Vertretersitzung. Wir brauchen Vorschläge.«

Wir werden wieder ernst. Und denken nach und denken nach und produzieren einen Tiefsinn nach dem andern, wringen unser Hirn aus, blättern in Zitatensammlungen, lesen Sprichwörter, gähnen dabei immer häufiger, es ist inzwischen spät geworden.

»›Brombeerzeit‹«, fällt Brigitte plötzlich ein.

»Ganz gut. Aber das sind Sommerfrüchte. Wir brauchen Herbstliches, schließlich handelt das Buch von reifen Damen.«

»›Herbstzeitlose‹.«

»›Weiche Birne‹«, sagt Bernhard.

»›Fallobst‹«, sage ich.

»Lies doch mal vor, was du aufgeschrieben hast«, sagt Brigitte zu Bernhard.

»Das ist sehr, sehr dürftig«, seufzt er. »Gerade drei seriöse Titel in drei Stunden.« Inzwischen sind die »Singles« wieder dabei.

Mit denen treten die beiden am nächsten Vormittag bei der Vertretersitzung an.

Mittags erfahre ich das Resultat. »Alle sind einstimmig für ›Brombeerzeit‹, auch der Verleger. Hast du etwa Einwände???«

Ich werde mich hüten. Denn dann ginge die Sucherei noch einmal von vorne los, und wo würde sie hinführen? Zu neuen Blödeleien.

Tja, und so kam mein Roman zu seinem Titel »Brombeerzeit«. (1993)

Die Bruch-Brothers

Nur im Körbchen konnte Hansi noch nichts anrichten. Sobald er, krabbelnd erst, dann unsicher auf eigenen Schuhchen selbständig wurde, ging er in die vollen. Krachen mußte es, scherbeln, splittern, zischen, platschen, das gefiel ihm. Das war schön. Einmal kurz an Tante Ellis Kaffeedecke ziehen, schon sprangen die Tassen, dampfte der Kaffee über die Auslegeware, brüllten sich die Erwachsenen an.

Brennende Kerze ins Sofakissen schmeißen, mit Inhalt von angesengtem Kissen Frau Holle spielen. Kakao ins Aquarium... Hansis Ideenreichtum im Zerstören war unerschöpflich. Sein Vater mußte zahlen, mehr als seiner Meinung nach der ganze Klump wert gewesen war. Er ließ Hansi haftpflichtversichern und das Baby Michel gleich mit. Sicher ist sicher.

Hansi kam endlich in den Kindergarten. Wütete dort alles Spielzeug, das er erwischen konnte, entzwei, um sich Beachtung zu verschaffen, und durfte frühzeitig wieder abgeholt werden. Verstand die Welt nicht mehr. Wollte auch nicht mehr laufen. Ließ sich im brüderlichen Sportwagen fahren, während Michi nebenher tippelte. Einmal, nur für zwei Minuten vor einem Laden abgestellt, löste Hansi die Bremse und rollte die abschüssige Straße hinunter, in eine alte, lahme Frau mit Stock hinein. Die fiel um. Menschenauflauf. Krankenwagen. Seine Mutter mit Nervenzusammenbruch. (Nur die alte Frau hat sich bei Hansi bedankt, kriegte sie doch ein schönes Krankenzimmer, viele Blumen und ein neues Hüftgelenk. Zum ersten Mal seit Jahren konnte sie sich schmerzfrei bewegen.)

Die Brüder wurden älter und arbeiteten inzwischen im Team. Zu Hause durfte man sie nicht unbeaufsichtigt lassen. Also mußten sie überall mit.

Ihre Mutter ließ sich in einem Sportmodenhaus ein Dirndl anpassen. »Ihr bleibt solange in der Umkleidekabine, verstanden?«

Hatte sie sich gedacht. Hansi fiel das Wasserbassin in der Sportabteilung ein, in dem ein Faltboot schwamm. Drumherum waren aufgeblasene Wassertiere dekoriert – bis Hansi auftauchte. Er schmiß sie nacheinander ins Bassin – platsch! Eine Verkäuferin wollte ihn daran hindern. Das brachte ihn in Rage. Er trat nach ihr und schmiß nun gerade alles, was er erwischen konnte – Sportkleidung, Gummistiefel, Angelzeug, Rucksäcke – platschplatschplatsch. Der alarmierte Geschäftsführer ließ per Lautsprecher im ganzen Haus ausrufen: »Wem gehört dieses Kind?« Hansis Mutter wußte sofort, welches gemeint war und stürzte im abgesteckten Dirndl ins Tiefparterre, gerade rechtzeitig, um Hansi daran zu hindern, selbst ins Bassin zu steigen und dort weiterzuarbeiten.

Inzwischen hatte sich Michel, im zweiten Stock allein gelassen, mit Abstecknadeln versorgt und stach, hinter Dirndln verborgen, zu, sobald sich eine Kundin näherte.

Manchmal träumte die Mutter von Handschellen, wenn sie mit ihren Buben ins Kaufhaus ging. Aber, großer Gott, was würden die Leute sagen! Somit vertrieben sich die beiden weiter die stinköde Wartezeit, während sie einkaufte oder anprobierte, mit dem Leerfegen der Grabbeltische und anderen Scherzen. Später brachten sie ihre Kinderscheren von daheim mit: Wer die meisten Knöpfe von Mänteln und Jacken schnitt, war Sieger. Hansi war immer Sieger, weil er schon Knöpfe zählen konnte und Michel noch nicht.

Der Vater baute die elektrische Eisenbahn mit Tunnel, Brücken, Bahnhöfen, Dörfchen auf. Kaum verließ er das Zimmer mit der Aufforderung: »Nun spielt mal schön!«, stellte Hansi die Weichen um, schloß Leitungen kurz, während Michel die halbe Brücke abriß. Über sie stürzte der lange Zug Waggon für Waggon aufs Dörfchen hinab. Ja doch, jaaa! Das war's –!

Die Knaben legten ihr Taschengeld zusammen und kauften ein Modellbauschiff, pusselten es akkurat und liebevoll zusammen – Na endlich waren die Buben vernünftig!! –, kauften eine Tube Pattex, das hervorragend brennt, schmierten das Schiff damit ein, ließen es zu Wasser und zündeten es an. Es brannte minutenschnell aus und versank, mit ihm ihr gesamtes Taschengeld. Aber den irren Anblick des brennenden Schiffes werden sie nie vergessen.

Eines Tages sahen sie selbst ein: So geht's nicht weiter mit uns. Und banden sich selbst die Hände, wenn es über sie kam.

Daß dem Michel neulich bei Schweißversuchen das väterliche Auto ausgebrannt ist, daß Pepis Boot zu Bruch ging, weil Hansi bei Windstärke sieben Lust auf Segeln hatte, war bestimmt nicht böse Absicht. Wäre ja Wahnsinn. Keine Versicherung und kein Vater zahlen für groben Unfug. Beide Knaben, inzwischen achtzehn und zwanzig, schuften in ihrer Freizeit auf dem Bau, um ihre Reparaturschulden abzuzahlen. Sind im Grunde wahnsinnig nette Typen, ich mag sie ehrlich.

»Aber warum«, habe ich Hansi gefragt, »warum habt ihr so gewütet?«

»Tja, warum?« überlegte Hansi. »Erstens wollten wir uns produzieren, und zweitens war Kaputtmachen nun mal das Größte für uns, und drittens hat uns immer irre interessiert: was, passiert, wenn –!? Vor allem, wenn es verboten war. Aber inzwischen haben wir uns ja sehr gebessert. Müssen Sie doch zugeben, oder?«

»O ja«, sagte ich, unterm Sofa nach meinem verstörten Papagei suchend, dem Hansi einen aufgezogenen trommelnden Stoffaffen ins Freigehege gestellt hatte. (1977)

Bruno, der Gepanzerte

Kurz vor der Geburt seines ersten Kindes hatte sich Jolas Vetter Horst Bode, inzwischen Untersturmführer der SS, mit der Arbeitsdienstführerin Ulla Wilke ferntrauen lassen. Die Geburtsfeier fand am 6. Juni 1944 statt, am Tag der Invasion der Alliierten in der Normandie. Zwei Tage vorher hatten sie Rom besetzt. Im selben Monat brachen die Russen im Mittelabschnitt der Ostfront bis zur Weichsel durch. Es ging bergab mit dem Dritten Reich.

Horst Bode konnte an der Geburtsfeier seines Sohnes nicht teilnehmen. »Er ist jetzt in der Normandie völlig unabkömmlich, der tapfere Junge«, sagte Tante Henny wichtig. Die Feier fand im Landhaus der Schwiegereltern Wilke in Caputh statt. Ich, als Jolas langjährige beste Freundin, war auch dazu eingeladen.

Caputh! Die Augen meiner Mutter leuchteten auf. Das lag beim Werderschen Obstanbaugebiet. Und wo es jetzt mit den Erdbeeren losging… »Fahr bloß noch zu Hedwig rüber.« Sie packte mir aus ihren eisernen Vorräten Kerzen ein und ein Stück Seife für Frau

Böckmann, Hedwigs Ziehmutter, inzwischen nicht mehr Obstpflückerin, sondern durch Erbschaft zur Plantagenbesitzerin aufgestiegen. »Aber laß dich ja nicht mit paar Pfund abspeisen, sonst bringst du die Kerzen wieder mit.«

Hedwig hatte früher meine abgelegten Kleider und Puppen geerbt. Heute hätte ich von ihr erben können. Böckmanns lebten im Luxus, seit die Berliner täglich mit jedem Zug zu Hunderten in Werder anrückten, um mit Geschenken um Obst und Gemüse zu werben.

Von der Zigarre über Parfum, Strümpfe, Pelzkragen, Schokolade, Stoffe, ungebrannten Kaffee bis zum nutzlos gewordenen Smoking hatte man alles zu ihnen hinausgetragen. Selbst die Güteklasse E, das mulsche Zeug, wurden Böckmanns an die Berliner mit Kußhand los.

Nicht nur ich, sondern auch Oma Genthin und Jola waren mit Körben und Tauschware beladen, als wir uns am Morgen der Geburtsfeier auf dem Bahnhof Wannsee trafen und – wie telefonisch besprochen – mit den Berliner Festteilnehmern im vorderen Nichtraucherabteil zweiter Klasse des S-Bahn-Zuges vereinigten.

Heinrich Bode und seine Frau Henny, die Großeltern, stiegen mit uns ein. Henny, in Silberfuchscape und passender Toque, wischte mit dem Taschentuch an ihren Transpirationspunkten herum.

»So ein Quatsch – Pelz im Juni«, moserte Oma. »Schadet dir gar nichts, wenn du schwitzt. Aber du mußt ja allen Armen auf der Taufe zeigen, was du besitzt!«

»Mutter, wie oft soll ich dir noch sagen, daß das keine Taufe ist, sondern eine Geburtsfeier für SS-Angehörige. Begreifst du das nicht?«

»Nein«, wehrte sich Oma stur. »So'n heidnischer Humbug ohne Pfarrer und Orgel und kirchlichen Segen. Wozu dann überhaupt Taufe?«

»O Gott, Mutter! Du lernst es nicht!« stöhnte Henny.

»Wieso sagst du noch ›O Gott‹? Wieso nicht gleich ›O Wotan‹?« konterte Großmutter Genthin.

»Wenn du Stunk machen willst, kehr lieber um, Mutter«, schlug Heinrich Bode vor.

»Das könnte dir so passen. Aber den Gefallen tu ich dir nicht. Ich will sehen, was ihr mit meinem ersten Urenkel anstellt«, versicherte Großmutter und stand dann doch auf, aber nicht um auszusteigen. Sie setzte sich neben eine graue Maus auf der anderen Fensterseite, die sich um das Köfferchen auf ihrem Schoß zusammengekauert hatte. Sie paßte so gar nicht in den frisch ondulierten, festlich gekleideten Kreis.

»Wer ist das?« fragte ich Jola.

»Tante Röschen, Kusine von meinem Vater und Tante Henny. Sie ist heute nacht zum drittenmal ausgebombt. Was sie auf dem Schoß hält, ist wohl das letzte, was sie noch besitzt.«

Ein absolutes Störnis, dieses Röschen, ach wäre sie doch lieber zu Hause geblieben – sah man Tante Henny an, und dann fiel ihr wohl ein, daß ihre Kusine kein Zuhause mehr hatte, in dem sie hätte bleiben können, und holte einen Riegel Schokolade aus der Tasche. »Nimm, Röschen, ich geb's dir gern.«

In Potsdam stiegen wir in den Bummelzug nach Werder.

Auf dem Perron stand ein Soldat auf Krücken.

»Mensch, Robby, so ein Zufall«, lief Jola auf ihn zu, »oder bist du etwa auch eingeladen?«

»Nee, nur Karl-Heinz, aber der ist ja nicht da. Habe ich mir gedacht, auf so 'nem Fest gibt's bestimmt gut zu essen. Gehst du für ihn hin. Geschenk hab ich auch. Faß mal in meine Rocktasche, in die linke.«

Jola zog einen mit einem verschlissenen Weihnachtsband dekorierten silbernen Kinderschieber hervor.

»Du hast wohl mal kurz in euer Buffet gegriffen«, ahnte sie.

Robby Kühnhagen – Karl-Heinz' älterer Bruder. Potsdamer Yachtclub, kurz nach der Regatta. Damals war noch Frieden, erinnerte ich mich. Sein Begrüßungslächeln fand nur auf einer Gesichtshälfte statt, die andere war starr und zerstört. Er trug eine Augenklappe.

Die Festteilnehmer betrachteten ihn mitleidig. Armer Kerl, ist es nicht furchtbar, was der Krieg so manchem antut? Und muß doch mal so ein bildhübscher Junge gewesen sein, das sieht man ja noch an seinem heilen rechten Profil...

Wir stiegen hinter ihm, der sich mühsam hochhangelte, in den Personenzug, brachten seine zweite Krücke mit. Bahnhof Charlottenhof. Wildpark. Umsteigen nach Caputh.

Ein mit bunten Bändern dekorierter Kremser, vor dem ein alter Klepper schlief, holte uns ab. Der Kutscher setzte ihn mit Peitschenknallen und lautem Hüüh in Gang.

Gemächliches Zuckeln unter schattigen Chausseebäumen. Ich liebe dieses stille märkische Land voller Seen mit grünen Ufern, aus denen ab und zu ein spitzer Kirchturm ragt.

Vor einem am Schwielow gelegenen Grundstück machte der Kutscher Brrr. Der Gaul hielt an und hängte seinen Kopf zwischen Scheuklappen in den nächsten Schlaf. Nur seine Ohren zuckten noch abwehrend gegen Fliegenbelästigung.

Im Gartentor erschien Schwiegervater Wilke, ein Hosenbein hochgebunden, das andere im blanken Reitstiefel, auf eine Krücke gestützt. Er hob die Hand zum deutschen Gruß. Henny und Heinrich Bode und andere Festgäste grüßten ebenso zurück, während ihnen der Kutscher vom Kremser half.

Als Robby Kühnhagen als letzter ausstieg, humpelte Wilke auf ihn zu. »Kamerad, kann ich Ihnen helfen?«

»Danke verbindlichst, Obersturmführer – es geht schon.«

Und zu uns: »Wenn ein Lahmer dem andern hilft, fallen womöglich noch beide auf die Schnauze und gefährden die Taufe.«

»Nicht Taufe. Geburtsfeier«, verbesserte ihn Oma. »Sie lernen es auch nicht, Herr Kühnhagen.«

Am Ende eines langen, schmalen, von Stachelbeersträuchern eingefaßten Weges lag das Sommerhäuschen der Familie Wilke. Seit Bomben ihre Stadtwohnung zerstört hatten, lebten sie nun ganzjährig in dieser bienenumsummten Idylle.

An der Haustür empfingen uns Frau Wilke und ihre beiden Töchter, die eine in Arbeitsdienstuniform, die andere im weißen Volkstanzkleid mit besticktem Spenzer – ein Glaube-und-Schönheits-Modell.

»Ihr seid also die Schwägerinnen von meinem Enkel Horst«, versuchte sich Großmutter in den neuen, angeheirateten Familienverhältnissen zurechtzufinden.

»Heil Hitler, Oma Genthin«, riefen beide strahlend.

Zur Begrüßung gab es selbstgebrauten Johannisbeerwein.

Seit der Scheibe Kommißbrot mit Marmelade zum Frühstück hatten wir nichts im Magen. Der Johannisbeerwein fuhr uns in die Knie und in den Kopf sowieso. Ehe die Feier begann, waren wir duhn und suchten Halt auf den im Halbkreis aufgestellten Stühlen des Wohnzimmers.

In der angrenzenden Veranda wartete bereits das Orchester. Zwei Blockflöten in Jungmädelkluft und eine Geige in der Hand eines Fähnleinführers der HJ, alles Verwandte der Wilkes. Ein großes, umkränztes Führerbild vorm Fenster beeinträchtigte den Blick auf den See. Zwischen Wohnzimmer und Veranda war der Altar aufgebaut mit dreiarmigem Leuchter in Runenform und einer einzelnen Kerze. Rechts und links von ihm tönerne Bodenvasen voller Birkengrün.

Die Kapelle eröffnete die Feier mit einem altdeutschen Reigenlied. Danach humpelte der Großvater hinter den Altar und sprach uns an:

»Ich begrüße die Sippe und all ihre Freunde, die heute zu uns gekommen sind, um die Geburtsfeier unseres Neugeborenen, erstgeborenen Enkels, Achsensprosses und künftigen Weiterführers der Sippe mitzuerleben. Von fern her seid ihr zusammengekommen. Ich danke euch dafür. Wie wir hier beisammenstehen –«

Er hatte »stehen« gesagt, weshalb wir uns erhoben, bis auf Robby Kühnhagen.

»– wissen wir ganz: *Eines* sind wir, *ein* Leben in vielen. Das leuchtet uns wieder auf. Und des zum Zeichen entzünde ich als Sippenältester in Stellvertretung des Kindsvaters, unseres lieben Horst, der zur Zeit in der Normandie tapfer für den Führer und unseres Vaterlandes Größe kämpft, die Sippenkerze.«

Das Dreimannorchester stimmte eine heroische Melodie an, zu deren Klängen Mutter Ulla mit dem

Säugling auf dem Arm den Raum beschritt bis vor den Altar. »Mein Herz ist voller Wünsche für dich, mein Kind. Jeder wird freiwillig, wie er werden muß. Denn keiner kann aus seiner Art«, begann sie mit heller, feierlicher Stimme, den Blick auf den Sippenarmleuchter gerichtet, und fuhr fort: »Ehrwürdige Ahnen! Väter und Mütter unseres Blutes! Feierlich will ich vor euch und den Lebenden aussprechen, was ich dir, meinem Kinde, wünsche: Reiner als wir mögest du im Blut gefügt sein! Erfolgreicher als wir mögest du dadurch eines Tages in die Dinge deiner Tage eingreifen! Einst mögest du die Sippe finden, aus der du die rechte Braut erwählst, dir gleich an Herz und Sinn und Bildung des Leibes!«

Die Blockflöten versuchten sich an einer Fanfare, dann sprach Herr Wilke bewegt zum Säugling: »Bruno sollst du heißen, mein Enkelsohn, nach einem deiner Großväter, Bruno, der Gepanzerte, und Answald, der in Eintracht mit den Asen Waltende. Ich rufe dich zum erstenmal bei deinem schönen Namen: Bruno Answald! Heil dir, mein Enkel. Heil unserer Art.«

Robby Kühnhagen rutschte eine neben seinem Stuhl abgestellte Krücke weg und polterte zu Boden.

Aber es war weniger das Aufheben der Krücke, was ihm zu schaffen machte, als sein aus den Fugen geratenes einseitiges Mienenspiel, hinter dem ein kaum zu bändigender Lachkrampf wütete.

Selbiger sprang auf mich über, zündete meine mühsam bewahrte Haltung wie ein Fuder Heu an. Ich schluchzte in mein Taschentuch, während um mich herum das Lied »Viele alte Stämme ragen herauf in unsere Zeit, von Mann und Frau getragen wohl in Ewigkeit« gesungen wurde.

Kaum hatte ich mich notdürftig beruhigt, begegnete ich Robbys grinsendem Blick, und das Lachunglück fing von vorne an. Es war zum Verzweifeln. Ich stellte mir Jobsts Tod vor, den meiner Mutter, meinen eigenen – nichts half. Gebückt schlich ich aus dem Raum.

Als ich verheult, aber endlich beruhigt auf meinen Stuhl zurückkehrte, hatten sich gerade der Kreisleiter und die Gevattern des kleinen Bruno Answald, zu denen auch Jola gehörte, erhoben.

Heidrun Wilke im Volkstanzkleid sprach für die Gevattern: »Wie wir das Kindlein heute in die Arme nehmen, wollen wir es in Liebe hüten, wenn ihr Eltern ihm fehlen solltet. Und des zum Beweis schenke ich dir, lieber Bruno Answald, diesen silbernen Löffel. Mögest du damit ein langes Leben hindurch dein Süpplein essen und täglich das Zeichen in Händen halten, daß wir für dich bereit stehen. Wir, deine Sippe. Es steht aber etwas Größeres über uns: unser Volk! Es waltet noch eine höhere Treue über uns allen: unser Führer!«

Anschließend mußten sich alle an den Händen fassen und das Lied singen: »Wo immer das Leben erglommen, da will es als Flamme stehen –«, was ziemlich dürftig ausfiel, weil die meisten von uns den Text nicht kannten.

Robbys Krücke fiel ein zweites Mal zu Boden, ich hob sie auf, dabei raunte er mir zu: »Was gibt's denn zu Mittag?«, denn deshalb war er ja mitgekommen.

»Aal grün mit Gurkensalat und rote Grütze«, hatte uns Tante Henny bereits auf der Herfahrt erzählt.

»Köstlich«, stöhnte Robby, »und wo?«

»Im Restaurant in Baumgartenbrück.«

Aber noch war es nicht soweit.

Während die feierliche Eintragung der Kindsdaten und Gevatternamen ins Sippenbuch erfolgte und das Austeilen von künstlerisch gestalteten Erinnerungsblättern mit dem Führerspruch als Mittelpunkt, entstand ein Wispern in den letzten Stuhlreihen, eine »stille Post«, die sich von einem zum andern fortsetzte: Der Drahtfunk meldet schwere Bomberverbände im Anflug auf Berlin.

Das bedeutete auch Alarm für Caputh und keinen Aal grün für die nächsten Stunden, falls sich die da vorne nicht mit ihrer Zeremonie beeilten.

Wie sollten wir das nur unseren knurrenden Mägen beibringen? Jeglicher Anflug von unerwünschter Heiterkeit war in uns erloschen.

Oma Genthin sah sich verzweifelt nach mir um: Wir wollen ja auch noch in die Erdbeeren!

Aber die Feier brauchte ihren würdigen Abschluß:

eine Gavotte mit Blockflötenspiel und Geigenkratzen – und mitten hinein die Sirene.

Während Herr Wilke seine Gäste zum nächsten Splittergraben führte, gab mir Jola ein Zeichen: »Komm...« Aus dem Geräteschuppen – sie kannte sich dank zweimaliger vorangegangener Besuche hier gut aus – holte sie Kescher und eine Kiepe. »Wir gehen Krebse fangen.«

Die Säume unserer Festkleider in den Gürtel geklemmt, plätscherten wir im seichten Wasser auf der Jagd nach Opfern. Robby Kühnhagen bemerkten wir erst, als er, auf seine Krücken gestützt, am Ufer stand und den krabbelnden, knispernden Inhalt der Kiepe betrachtete, in die wir unsere Fänge warfen.

»Bißchen mickrig«, meinte er. »Die haben ja viel zu kleine Scheren.«

»Dann halt mal den Finger dazwischen«, schlug Jola vor.

Er hatte übrigens ein Buch aus dem Wilkeschen Bücherschrank mitgebracht: Fontanes »Wanderungen durch die Mark Brandenburg«. Sich am Ufer niederlassend, las er uns daraus vor:

»Ist es hier schön zu allen Tageszeiten, so waltet hier ein besonderer Zauber um die sechste Stunde; dann schwimmen, kommend und gehend, aus dem Schwielow hinaus und in den Schwielow die Havelkähne in ganzen Geschwadern heran, und zwischen ihnen hindurch gleitet von Werder her der obstbeladene Dampfer. Die Zugbrücke steigt und fällt in beständigem Wechsel, bis mit dem Niedergehen der Sonne auch der Verkehr zu Ende geht...«

Friede einer vergangenen Zeit breitete sich mit seiner Stimme aus, übertönte das Dröhnen der Bombergeschwader in der Ferne.

An diesem frühen Nachmittag begann unsere Freundschaft mit Robby Kühnhagen.

Die Rückfahrt nach Wannsee fand in verschiedenen Abteilen statt, da sich Großmutter Genthin mit Henny und Heinrich Bode wegen der Geburtsfeier zerstritten hatte.

»Na schön, unser Pastor salbadert auch, aber doch nicht so ein verquastes Zeug, und wenn schon nach einem Großvater, dann hätten sie den Lütten ruhig auch nach dem andern nennen können, das muß ich Henny noch mal bei Gelegenheit sagen. Thh, thh, Bruno, der Gepanzerte – wie war noch der andere Name?« fragte sie abwärts, wo Jola und ich auf dem schmutzigen Boden des Abteils herumkrochen, um Krebse einzufangen, deren Fluchtversuche wir nicht rechtzeitig hatten verhindern können.

»Answald – der mit den Asen Waltende«, rief Jola herauf.

»Was sind denn nu wieder Asen? Und warum hast du eigentlich so furchtbar geheult, Luise?« Ich stieß meine Freundin warnend an: »Sag's ihr lieber nicht, sie ist imstand und erzählt es Bodes!«

»Weil sie viel tiefer veranlagt ist, als du immer angenommen hast, Oma. Luise war richtig gerührt.«

»Na ja«, Großmutter schien plötzlich unsicher, »vielleicht hätte ich auch geweint, wenn eine Orgel gespielt hätte. Aber bei der Katzenmusik, das war ja nicht zum Aushalten! Haben die denn vorher nicht ordentlich geübt?«

Mit uns im Abteil saß Röschen Kühnel, die ausgebombte Verwandte.

»Du bleibst jetzt bei uns und kriegst das Fremdenzimmer, Röschen. Kannst jeden Tag mit der S-Bahn ins Büro fahren und abends wieder in ein heiles Zuhause in guter Luft«, beschloß Großmutter.

Wir kamen übrigens mit leeren Körben zurück. Die Erdbeeren in Werder waren noch nicht reif genug zum Pflücken gewesen.

(Aus »Eine Handvoll Glück«, 1982)

Das gestiefelte Neujahr

Die nächtlichen Straßen sahen aus wie ein Festsaal vorm Einzug der Putzfrauen. Es lag noch alles vom Silvesterfeiern herum, abgebrannte Raketen, zerknüllter Flitter, Konfetti. Papierschlangen färbten den Schnee bunt.

Das Taxi, in dem sich Herr Svonnek am Vordersitz festhalten mußte, um Gleichgewicht und Würde zu bewahren, schleuderte über frisch verharschten Schneematsch auf den Hoteleingang zu, stieß unsanft gegen den Rinnstein und hielt dann schräg zum Bürgersteig, aber hielt. Ein nachrutschendes Taxi kam an seiner hinteren Stoßstange zum Stehen.

Ihm entstieg eine junge Frau, die kurz hinter Svonnek die Halle betrat. Blicklos ging sie an einer Sitzgruppe mit drei älteren Damen vorbei, die noch ihre Pelzmäntel über straßglitzernden Abendkleidern trugen, wer weiß, wo sie Silvester gefeiert haben mochten. Die Erinnerung daran entlockte ihnen herzhafte Kreischer. Mit großer Mühe und einem geringen Maß an Geduld bugsierte eine Frau ihren Gatten den Fahrstühlen zu. Er sang dabei »drunt in der Lobau« mit amerikanischem Akzent und zog eine Leine mit einem zerfetzten Luftballon wie ein Hündchen hinter sich her.

Herr Svonnek und die Frau aus dem zweiten Taxi ließen sich ihre Schlüssel geben und betraten gleichzeitig einen der drei Fahrstühle. Er sagte: »Happy New Year« zu ihr und fragte: »Which floor?«

Sie lehnte sich gegen die Liftwand. »Eleventh.« Ihr Blick hob sich nur bis zu der prallgefüllten Plastiktüte in seiner Hand, ein gleichgültiger Blick aus verheulten Augen unter einer tief in die Stirn gezogenen Wollmütze. Ein trauriger Mund mit Resten von Lippenstift – ein Abschiedsgesicht an diesem frühen Neujahrsmorgen 1966.

Im elften Stock stiegen beide aus, die Frau ging vor Herrn Svonnek her. Unter ihrem fellgefütterten Trenchcoat fielen ihm ihre kniehohen, kognakfarbenen Stiefel aus feinstem Juchtenleder auf. Sie verliehen ihrem Gang die sturmerprobte Grazie eines Kavalleristen.

Welche Frau trägt in der Silvesternacht solche Stiefel, überlegte er, es sei denn, sie war Csárdás tanzen.

Bevor Herr Svonnek seine Tür aufschloß, wünschte er noch einmal »Happy New Year« und »Good luck«, in der Annahme, es handle sich bei ihr um eine Amerikanerin, wie bei den meisten Gästen dieses Hotels. Sie schien ihn gar nicht zu hören.

Mit einem lauten Seufzer der Erleichterung begrüßte er sein Zimmer. Endlich allein. Bevor er es sich bequem machte, stellte er die Plastiktüte mit den Silvesterscherzen auf den Schreibtisch zu den selbstgebastelten Weihnachtspräsenten der Wiener Verwandten. Da gab es Laubsägearbeiten, mit Glasperlen beklebte Schnapsflaschen, Geknetetes und Gestricktes und mehrere Gläser mit Schwägerin Annis Konfitüren, die zwar vorzüglich schmeckten, aber sein Gepäck um Kilos beschweren würden.

Nun war alles überstanden – Weihnachten, Silvester und die Familie. Nicht jeder eignet sich zum nahen Verwandten. Svonnek, seit drei Jahren kinderlos verwitwet, hatte einen besonders schweren Stand: er war ein Erbonkel, der zum ersten Mal dem Drängen seines Bruders nachgegeben und die Festtage in seiner Familie verbracht hatte. Sonst pflegte er sie recht fröhlich in einem renommierten Wintersportort zu genießen und kam auch noch erholt in seine Berner Wohnung zurück. In einem Wintersportort gab es zwar immer Damen, die es auf sein Vermögen abgesehen hatten, aber wenigstens keine Neffen und Nichten, denen eingebläut worden war: Seid ja recht lieb zum Onkel Pauli. Ihr wißt –!!! Sie waren zum Verzweifeln lieb zu ihm gewesen, sie knufften, zerrten, küßten und kuschelten an dem Zugereisten herum, sagten ihm Gedichte auf, sangen vielstrophig und zweistimmig. Dazu die unermüdliche Schwägerin Anni, die ihn wie einen Rekonvaleszenten fütterte oder wie Hänsel, auf daß er schlachtreif werde – oder eben wie einen Erbonkel. Svonnek aß und aß, das war ja das Schlimme – Ganslbraten, Karpfen, Backhendl, Gulasch, Schinkenfleckerl, Knödel, Sahnesoßen, vor allem die Mehlspeisen ruinierten seine Taille. Nun kniffen die Hosenbünde mahnend in seinen Leib. Herr Svonnek drehte das Radio an, trank einen Whisky und genoß die sachliche Unpersönlichkeit seines Hotelzimmers, bis er durch ein Klopfen an seiner Tür gestört wurde.

Svonnek erkannte nicht gleich die junge Frau auf dem Flur – das lag am Fehlen der Wollmütze, die im Lift ihren hellen, dichten Schopf verborgen hatte. Den weißen, zu großen Hotelbademantel hatte sie fest um sich gewickelt, während sie verlegen zu stottern begann: »Verzeihung, I'm sorry, when I –«

»Sie können deutsch mit mir reden«, unterbrach er sie.

»Ich habe geklingelt, aber es ist keiner gekommen. Jetzt wollte ich zum Nachtportier, aber dann fiel mir ein, daß Sie bestimmt noch wach sein würden –«, sie hob den Bademantel an, er erkannte die Juchtenstiefel, der Rand ihres Satinnachthemdes behing sie wie eine Gardine. »Ich kriege sie nicht alleine aus«, sagte sie bedauernd.

Svonnek dachte, diesen Trick hat noch keine angewandt, um bei der Nacht in mein Hotelzimmer einzudringen.

»Ich habe schon mal im Kleid geschlafen, als der Reißverschluß im Rücken hakte. Aber in Stiefeln –?«

»Treten Sie ein«, er wies auf einen Stuhl, »setzen Sie sich«, und baute seine leicht gebückte Hinterfront vor ihr auf. »Zuerst den rechten.«

Sie nahm Platz und trat Herrn Svonnek mit dem linken Hacken in die Weichteile, während er am rechten Stiefel zog. Danach dasselbe mit dem linken.

Erleichtert stand sie auf. »Danke, vielen Dank. Und entschuldigen Sie bitte.«

»Macht nichts. Gern geschehen.«

Sie wollte, in jeder Hand einen Stiefel, den Rückzug antreten, als ihr Blick auf das nächtliche Stadtpanorama in Breitwandformat fiel, von dem Svonnek die Gardine gezogen hatte. Schneehauben hellten die Schwärze der Dächer, Kuppeln und Baumäste bläulich auf. In der Höhe des Riesenrades schoß eine späte Rakete in den Himmel, knickte um und verglühte in roten Tropfen. Im Häusermeer rechts leuchteten noch vereinzelte Fenster, hinter denen sich Menschen lieben, zanken, betrinken oder Konfetti zusammenkehren mochten. Die junge Frau schaute in eine bestimmte Richtung. Sie sah wohl dort mehr, als für Herrn Svonneks Blicke erkennbar war, und alle Traurigkeit kehrte in ihr schmales, helles Gesicht zurück.

Er hatte bereits im Lift bemerkt, daß die Stiefel nicht ihr einziges Problem waren, und begriff plötzlich nicht mehr, wie er sie eines raffinierten Tricks hatte verdächtigen können. »Wo waren Sie eigentlich heute nacht?«

»Ich? Wieso?«

»Na ja – die Stiefel. Wo haben Sie damit gefeiert?«

Sie ließ sich mit der Antwort Zeit. »Nicht gefeiert. Spazierengegangen.«

»Allein?«

»Natürlich nicht«, sagte sie fast schroff.

Herr Svonnek hielt es für richtiger, nicht weiterzufragen.

Das brauchte er auch nicht. Irgendwann sagte sie selbst so sachlich es eben ging: »Wir sind die halbe Nacht herumgelaufen – waren auch in mehreren Lokalen – stundenlange Diskussionen. Wir haben Schluß gemacht. Es hat ja doch keinen Sinn mit uns.« Sie sah ihn an. »Aber es fällt verdammt schwer.«

»Möchten Sie einen Whisky?«

»Ich hab schon soviel getrunken.«

»Mit Soda oder Leitungswasser? Oder lieber pur?«

Svonnek spürte, sie war froh, daß es einen Menschen gab und ein halbgefülltes Glas, das ihre Rückkehr in die Einsamkeit ihres Hotelzimmers hinauszögerte. Oh, er kannte diesen Zustand aus eigener Erfahrung.

Sie tat ihm leid, wie sie so dastand, so fröstelnd vor Alleingelassensein im viel zu großen Bademantel. Armes Mädchen. Als einziger Trost fielen ihm Annis Weihnachtsplätzchen ein, die sie dankend ablehnte. »War's denn eine große Liebe?«

Leichtes Schulterzucken. »Sie hat zumindest nicht ausgereicht. Ich in Hamburg – er hier in Wien – die vielen Trennungen – er wollte, daß ich herziehe...«

»Und warum sind Sie nicht?«

»Tja, warum nicht? Wer gibt schon gern einen guten Job auf, um hinterher feststellen zu müssen, daß die Liebe für einen gemeinsamen Alltag nicht ausreicht!« Ein kurzer Seufzer aus einem schweren Herzen. »Ich habe zu lange gezögert.«

»Und jetzt tut es Ihnen leid.«

»Nicht leid, nur sehr weh –«

»Und er?«

»Es ist inzwischen eine da, die nur ein paar Straßenecken weiter wohnt.« Warum erzähle ich ihm das alles, dachte sie verwundert. Es spricht sich so leicht vor einem Wildfremden, von dem man weiß, daß man ihn nie wiedersehen wird.

Auf dem Weg zu ihrem Whiskyglas und zu Svonnek, der auf dem Sofa saß, blieb sie vor den gebastelten Kastanienhündchen stehen. »Rührend. Was macht man bloß damit?«

Das wußte Svonnek auch nicht und schon gar nicht, wie er die wackligen Aufmerksamkeiten der Wiener Nichten und Neffen nach Bern transportieren sollte.

»Sie hatten sicher ein schönes Silvester.«

»O ja. Mit der Verwandtschaft. Richtig herzig. Den Kragen voll Konfetti und eine Pappnase mit Schnurrbart. Ich mußte Zigaretten rauchen, in denen was explodierte, Bleigießen und – warten Sie mal –«, aus seiner Hosentasche kramte er einen Zettel und ein Kleeblatt mit Schweinchen aus Plastik hervor. »Das war in meinem Knallbonbon. Schenke ich Ihnen. Soll Glück bringen.« Auf dem Zettel stand: »Lebe glücklich, lebe froh wie der Mops im Paletot.«

»Diesen Spruch hatten schon unsere Großeltern im Knallbonbon.« Zum ersten Mal sah er sie lächeln. Das machte ihre Züge weich. Auf einmal sah sie hübsch aus und sehr jung.

Um eine vorteilhafte Figur bemüht, zog er den Bauch ein, als sie ihm gegenüber Platz nahm. »Zwei Kilo habe ich hier zugenommen. Das macht die Küche meiner Schwägerin. Sie und mein Bruder haben weder Mühen noch Kosten gescheut, um mich zu mästen«, und goß sich einen zweiten Whisky ein. »Ich hab's einfach nicht übers Herz gebracht, ihnen die Festtage zu verderben. Ich meine, ich hatte nicht den Mut, ihnen zu sagen, daß ich wieder heiraten werde.« Diese Mitteilung schien sie zu überraschen. Sie setzte ihr Glas ab, aus dem sie gerade trinken wollte. »Heißt das, Ihre Verwandten würden sich nicht darüber freuen?«

»Es wäre denkbar. Schließlich höre ich dann auf, ein Erbonkel zu sein. Ich könnte ja auch noch Kinder kriegen mit der Neuen.«

»Und davor haben Sie Angst oder Ihre Verwandten?«

»Wieso ich?« Er sah sie irritiert an.

»Es klang so.« Sie zog die Füße auf den Sitz und deckte sie mit ihrem Bademantel zu. »An sich wäre es das Natürlichste gewesen, wenn Sie Weihnachten mit der Frau verbracht hätten, die Sie heiraten wollen.«

»Sie – sie hat auch mit ihren Verwandten gefeiert.« Das klang ein bißchen dünn.

»Aber wenn Sie gewollt hätten, wäre sie gerne mit nach Wien gekommen, nicht wahr?« Und als ihm darauf nichts einfiel: »Ich glaube, Sie sind vor möglichen Entscheidungen unterm Weihnachtsbaum getürmt.«

Svonnek überlegte. »So direkt habe ich mir das selbst noch nicht eingestanden. Aber wenn ich darüber nachdenke – also ja. Ich bin ausgerissen. Einerseits würde ich gerne heiraten – dann käme wieder Ordnung in mein Leben – man säuft zuviel als Junggeselle, andererseits – wer bindet sich schon gerne, wenn's auch so geht.«

Und nun erzählte er, zögernd erst, dann immer flüssiger und selbstgefälliger, was es über Herrn Svonnek in Kurzform an einem frühen Neujahrsmorgen zu berichten gab. Zeigte auch Fotos von seiner verstorbenen Frau und der Neuen, die vielleicht doch nicht die Richtige war, und von seinem Mercedes Sport, vorm Berner Geschäftshaus parkend – sozusagen zwei Renommierstücke mit einer Klappe. Er lobte sich als Geschäftsmann (Im- und Export) und als Sportler (Ski, Fußball, Tennis), gab sein Alter mit siebenundvierzig an und als seine Lieblingsmusik die Schrammeln, nun ja, als gebürtiger Wiener. Natürlich hätte er gerne einen Sohn… kurzum, Herr Svonnek sprach sich richtig frei.

Sein Gegenüber unterbrach ihn nicht – endlich mal

eine Frau, die zuhören konnte, was ihn freute, ohne zu merken, daß sie mit ihren Gedanken ganz woanders war. Um so enttäuschter schien er, als sie sich plötzlich wie eine Katze streckte und aufstand. »Wollen Sie schon gehen?«

»Es ist gleich fünf.«

Das war allerdings ein Grund. Svonnek erhob sich ebenfalls. »Meine Maschine geht um zehn. Vorher muß ich noch packen und wenigstens eine Stunde schlafen. Reisen Sie auch heute ab?«

»Ja. Aber später.« Sie warf noch einen Blick aus dem Fenster. Wien war hinter einer Schneewand verschwunden.

Svonnek trug die Stiefel bis vor ihre Zimmertür. »Wenn die nicht gewesen wären, hätte ich nicht das Vergnügen gehabt, Sie kennenzulernen. Bei Ihnen konnte ich mich mal richtig aussprechen.« Er setzte die Stiefel ab und küßte ihre Hand. »Ein glückliches neues Jahr. Vergessen Sie den Mann möglichst schnell. Eines Tages werden Sie heilfroh sein, daß nichts draus geworden ist.«

»Bestimmt«, nickte sie, »ich wünschte bloß, es wäre schon eines Tages!«

Er wartete, bis sich ihre Zimmertür geschlossen hatte.

Erst als er seinem Gesicht im hellen Licht des Spiegels überm Waschbecken begegnete – so blank und selbstzufrieden, so völlig gegensätzlich zu dem blassen, verzweifelt lächelnden Antlitz der jungen Frau, die ihm gegenübergesessen hatte –, begriff er, was geschehen war. Anstatt einfühlsam auf ihren Kummer einzugehen, hatte er mit allem herumgeprotzt, was er war und konnte und besaß. Einfühlsamkeit war nun mal nicht seine Stärke. Herr Svonnek war zerknirscht.

Er rief beim Nachtportier an, wünschte, die Dame von 1123 zu sprechen und mußte hören, daß sie ausdrücklich angeordnet hatte, vor ihrer Abreise nicht mehr gestört zu werden. Wahrscheinlich befürchtete sie Anrufe voll männlicher Reue, die die Trennung rückgängig machen könnten. Nicht noch einmal das Ganze von vorn.

Ob er bei ihr klopfen sollte? Sicher hatte sie eine Schlaftablette genommen, um nicht mehr nachdenken zu müssen. Auch wenn die Liebe keinen Sinn mehr hatte – es blieb das Ende einer Liebe, und das tat weh.

Svonnek seufzte vor Mitgefühl beim Zähneputzen. Dann schlief er zwei Stunden tief. Später, beim hastigen Packen, mußte er immerzu an sie denken. Warum hatte er sie nicht nach ihrem Leben gefragt – nach ihrem Beruf? Wenigstens nach ihrem Namen! Er behandelte den Gedanken an sie wie eine verpaßte Chance. Obgleich die Entfernung zwischen Bern und Hamburg – aber er hatte ja öfter da oben geschäftlich zu tun... Wie alt mochte sie wohl sein? Mitte, Ende Dreißig? Den Gedanken, daß er vielleicht nicht ihr Typ sein könnte, ließ sein Selbstbewußtsein erst gar nicht aufkommen.

Während sein Gepäck hinausgetragen wurde, schrieb er auf die Rückseite seiner Visitenkarte: »Ich muß Sie unbedingt wiedersehen. Bitte, rufen Sie mich an. Ihr...«

Auf dem Gang vor ihrer Zimmertür standen noch immer die Juchtenledernen mit Schneerändern an den Spitzen so da, wie er sie beim Abschied abgestellt hatte. Svonnek packte kurzentschlossen den Inhalt der Plastiktüte mit den Silvesterscherzen in einen Stiefel: Pappnase mit Schnurrbart, Bleigegossenes mit viel Moos, Annis selbstgebackene Krapfen, ein Hütchen mit Gummiband, den Knallbonbonspruch »Lebe glücklich, lebe froh –«, den sie auf dem Tisch hatte liegenlassen, Papierschlangen ringelten sich über den Schaft. Obenauf legte er seine Visitenkarte. Nun sah der Stiefel aus, als ob er einem Nikolaus gehörte, der in der Silvesternacht einen über den Durst getrunken hatte.

Vielleicht lacht sie ein bißchen, wenn sie ausgeschlafen hat und ihre Stiefel sucht. Vielleicht denkt sie auch: So ein Schuft. Erst belästigt er mich mit seiner Lebensgeschichte, dann lädt er auch noch bei mir ab, was nicht mehr in seine Koffer paßt.

Herr Svonnek bezahlte seine Rechnung, verteilte Trinkgelder, eilte auf das wartende Taxi zu und war schon auf dem Weg zum Flughafen. (1967)

Achtung, Hausmeister!

Jedes Kind hat so seine Buhmänner, vor denen es sich fürchtet. Meine waren 1.) der Hauswart, 2.) der Hauswart und 3.) der Nikolaus.

Vor ihm hatte ich Angst, weil er dieselben Schuhe trug wie unser Hauswart und auch genauso sprach wie er, wenn er am 6. Dezember an unserer Wohnungstür läutete.

Nachträglich möchte ich sagen, daß es keine so gute Idee von meinen Eltern war, ausgerechnet den Kinderschreck Nr. 1 unter weißbärtiger Güte zu verstecken.

Ich bin seither nie mein Mißtrauen Nikoläusen gegenüber losgeworden, sofern sie nicht innen aus Schokolade waren.

Else Krawuttke – Portiersfrau in Berlin.

Ach, wie ahnungslos habe ich in den vierten Stock des Hauses eingeheiratet, das unter ihrer Knute ächzte.

Ich glaube, sie war Witwe. Es kann aber auch sein, daß sie ihren Ehemann so gründlich unter den Flurläufer gekehrt hatte, so daß ihn keiner mehr wahrnahm. Leibesfülle schränkte ihre Bewegungsfreiheit zunehmend ein, jedoch nicht ihr Mundwerk.

Kinder hatten überhaupt keine Existenzberechtigung innerhalb ihres Regierungsbezirks. Kinder gehörten auf die Straße, aber wehe, ihr Ball verirrte sich in den Vorgarten, der aus zwei Rhododendronbüschen und einem von Hunden zu Tode gepinkelten Buchsbaum bestand. Die Krawuttke hockte so manchen Nachmittag hinterm Busch mit gezücktem Bratenmesser. Wenn der Ball endlich geflogen kam, dann – pffft!

Einmal wäre sie beinah abgebrannt. Das lag an einem Zigarettenstummel, der, achtlos aus einem Fenster geworfen, ausgerechnet auf ihrem Schoß landete, während sie im Hofe Siesta hielt. Er kokelte sich in ihre Schürze ein. Fritzchen (Hochparterre) hat es zufällig vom Klofenster aus gesehen und interessiert abgewartet, wie es weiterging. Laß die Olle ruhig 'n bisken qualmen, sagte er sich, schadet ihr janischt.

Die Krawuttke ist rechtzeitig aufgewacht und hat ihre Faust gegen sämtliche geöffneten Hinterhoffenster geschwenkt: »Wenn ick det Aas krieje!«

Sie hat es genausowenig gekriegt wie die edlen Spender von Kanonenschlägen, Schwärmern und Stinkbomben, die in der Silvesternacht vor ihren Fenstern krepierten.

Die Krawuttke war von Natur aus ein schlimmer Finger. Was aber war mit den anderen Hausmeistern, die wir im Laufe der Jahre durchmachten? Zum Beispiel die Mausers. Sympathische, freundliche, tüchtige Leute, als sie die Stelle in der Wohnanlage mit 187 erwachsenen Mietern, 45 Kindern, 19 Hunden und 3 Katzen annahmen. Zu ihrem Aufgabenbereich gehörten sieben verglaste Treppenhäuser, Keller, Müll- und Heizungsanlagen, Waschküchen, Tiefgaragen, Parkplätze, Spielplätze, Grünflächen und ein halber Kilometer Wege per Schneepflug. Dazu die Extrawünsche der Mieter. Ihre Hilferufe, wenn irgendwas kaputt war und der Hausmeister billiger als ein Handwerker... und vor allem ihre Klagen über die anderen Mieter. Den ganzen Tag bimmelte Mausers Telefon. Wenn sie abhoben, fielen Beschwerden heraus. Vor allem diese schrecklichen, schrecklichen Kinder mit ihren schrecklich lauten Spielen! Herr Mauser!! Das geht so nicht weiter! Sie müssen endlich ein Machtwort sprechen!

Anfangs hat er sie in Schutz genommen – sein eigener Sohn war ja auch dabei (Beamtenwitwe aus Block 2: Hausmeisterkinder sind bekanntlich die schlimmsten!) –, und außerdem war er von Natur aus kinderfreundlich!

Dann waren es die Mieter selbst, die ihm diese Regung ausgetrieben haben. Wenn Sie nicht endlich hart durchgreifen, Herr Mauser... andernfalls werden wir die Hausverwaltung...!!! Stete Klagen und Drohungen zerrütten selbst den stabilsten Hauswartsnerv.

Es kommt der Tag, an dem er zum ersten Mal die Kinder, die nicht hören wollen, anbrüllt. Das ist der Fanfarenstoß, der seinen Ruf als Buhmann einleitet. Für die langatmigen Beschwerden der Erwachsenen hat er bald auch keine Geduld und Zeit mehr. (Pensionär, Block 3: Was glauben Sie, der Mauser ist mir heute richtig pampig gekommen. Was ist denn plötzlich los mit dem? Na ja, kein Wunder. Sein Weihnachtsgeld hat er weg. Da braucht er nicht mehr freundlich zu sein, denkt er...)

Hausmeister. Jedem soll er es recht machen. Kindern lieber nicht. Nebenbei muß er die Wohnanlage in Schuß halten, er und seine Frau.

Mausers waren sympathische, freundliche Leute, als sie hier anfingen. Es muß wohl auch an dem Beruf liegen... (1976)

Die Skandalnudel

Seitdem sich herumgesprochen hat, daß Micha (13) zu Hause einen großen Keller hat, ist sein Marktwert jäh gestiegen, sogar bei den Sechzehn- und Siebzehnjährigen, die Dreizehnjährige im allgemeinen nur mit dem Hintern anzugucken pflegen.

Mach doch mal 'ne Party, sagen sie zu ihm, und Micha, geschmeichelt durch soviel Beachtung, sagt, klar, mach ich, und seine Mutter sagt, okay, wieviel? Nicht mehr als zwanzig, verspricht er ihr und malt eine Einladungskarte, die er zwanzigmal fotokopieren läßt und an seine Spezis und die älteren Interessenten verteilt. Diese kopieren nun ihrerseits die Kopien, was eine pfiffige Idee ist und die Teilnehmerzahl zu einer großen Unbekannten steigert.

Michas neunjährige Schwester Renchen hockt bereits eine Stunde vor Partybeginn auf dem Gartenzaun, damit ihr auch ja keiner entgeht. Sie kommen zu Fuß, auf Rädern, Mofas, werden mit dem Auto gebracht. Renchen zählt und zählt vierundsechzig Stück, dann verliert sie den Überblick und gibt ihren

Außenposten auf, findet sich in der Küche ein, wo ihre Mutter Brote schmiert. »Die reichen aber nicht«, sagt Renchen zu ihr. »Es sind schon vierundsechzig da.«

»Großer Gott«, stöhnt die Mutter auf.

»Und es kommen immer noch mehr«, versichert Renchen am Küchenfenster.

Micha, in Kenntnis ihrer Neugier und Klatschfreudigkeit, hat ihr angedroht: Wehe, ich erwisch dich im Partykeller, ich brech dir alle Knochen!

Renchen läßt sich nicht erwischen, dazu schleicht sie viel zu lautlos und wendig durch die dämmrigen und stockdunklen Räume und wieder hinauf in die Küche, wo ihre Mutter die kalte Ente mit billigem Wein und Selters verlängert.

»Unten ist vielleicht was los!« packt Renchen aus, mit Augen voll Sensationslüsternheit. »Die Mädchen rauchen mehr wie die Jungen. Sie schmeißen sich mit Chips. Manche Pärchen schmusen beim Tanzen.«

»Du gehst jetzt ins Bett«, sagt die Mutter.

Und Renchen: »Oneinonein, ich helf dir tragen, ich muß noch mal runter.«

»Du warst doch schon!«

»Aber nicht überall! Bittebittebitte, Mutti, bitte!«

»Also gut«, sagt die Mutter erschöpft, »trag den Salat.«

Auf der Kellertreppe wälzt sich ihnen ein Tatzelwurm aus Qualm entgegen, angereichert durch animalische Dünste, erinnernd an ein Raubtierhaus. Ihre

Schritte knirschen über Chips, an den Wänden knutschen Pärchen, lassen sich auch nicht stören, fragen bloß, ob sie süßen Wein haben könnten. Nein, sagt die Mutter, davon kriegt ihr schwere Köpfe. – Das ist ja gerade das Schöne, sagen sie. Andere verlangen dringend ein Bier.

»Bier erst ab siebzehn!«

Hohngelächter fällt über die Mutter her.

»Dafür bringe ich kalte Ente«, sagt sie, aber zum Essen wollen sie nichts. »Kalte Ente ist ein Getränk so ähnlich wie Bowle.«

Allgemeiner Aufheuler: Bowle! Sind wir Omas??

Die Mutter geht verstört in den Hobbyraum, wo es nicht qualmt und Pingpong gespielt wird, wo man ihre kalte Ente freudig akzeptiert. Was für reizende Kinder, denkt sie. Ihr Micha ist nicht dabei, aber Renchen weiß schon, wo er ist. Im Waschraum, wo der Kassettenrecorder stöhnt. Renchens wieselflinke Neugier kann selbst im Stockdustern das sehen, was sie nichts angeht. »Micha«, ruft die Mutter blind in die Finsternis.

Zur Antwort ein Rascheln, als ob gestörte Mäuse auseinanderwetzen. Renchen, das Luder, drückt auf den Lichtknopf. Micha springt verpliert auf seine Mutter zu: Was ist denn?

»Wir bringen euch was zum Essen und Trinken.«

»Ja, danke, stell's nur hin«, seine Stimme drängt sie förmlich aus dem Keller.

Sie geht, aber nur unter einer Bedingung: das Licht bleibt an!

»Jaja«, verspricht Micha und schaut mordlustig auf seine gickernde kleine Schwester.

Renchen greift sicherheitshalber nach Muttis Hand.

Nun ist sie endlich im Bett und die Mutter, leicht verstört, im Wohnzimmer. So hat sie sich Michas erste Party nicht vorgestellt.

Noch immer ein pausenloses Kommen und Gehen und Wiederkommen. Auch auf dem Klo. Ständig besetzt. Ebenso das Telefon. Nur drei von vierzig fragen, ob sie mal zu Hause anrufen dürften.

Aus dem Keller dröhnt Krach, nicht nur von Kassette. Da wird von Mann zu Mann gefetzt. Gleich darauf knallt die Haustür. Was ist denn nun, du lieber Gott... die Mutter geht nachsehen. Auf der Kellertreppe will ein roter Pyjama mit spitzem Po an ihr vorbeiflitzen. »Renchen!!! Ich denke, du schläfst längst!«

»Ging leider nicht«, bedauert Renchen. Ihre Neugier ist noch gar nicht müde. »O Mutti, was ich alles gesehen habe! Komm mal mit!« Sie zieht sie ins Wohnzimmer. Macht die Tür zu. »Also!! Da waren zwei, die kannte keiner. Die wollten bloß stänkern. Sie haben Kippen und Senf ins kalte Huhn geschüttet, damit keiner mehr von trinken kann – aus Rache, weil sie rausgeflogen wurden. Und dann, Mutti, dann hab ich gehört, wie Andi bei seinem Freund angerufen hat, der ist auf einer andern Party, da ist es fad. Da hat Andy gesagt, komm doch her, hier ist es ganz lustig, aber bringt Bier mit! Und nun kommen sie gleich.«

»Ich schließ die Haustür ab!«

»Kannst du gar nicht, weil der Schlüssel weg ist«, weiß Renchen. »Der Tommy hat ihn im Gully ertränkt. Weil Micha ihm die Gabi weggenommen hat. Und soll ich dir mal sagen, was die beiden tun?«

Der Mutter wird blaß zumute. Ihr kleiner, kindlicher Micha...

»Also«, kichert Renchen, »der Micha hat die Gabi zuerst auf den Kopf gefaßt und dann am Haar so runter bis zur Schulter – sieh mal, sooo! Dann hat er sie auf den Mund geküßt.«

»Und wo hast du die Beule her?«

»Ich?« Renchen faßt sich prüfend an die Stirn. Tatsächlich, da wächst ihr ein Horn. »Das war Micha. Er hat mich die Kellertreppe raufgeschmissen. Wenn das der Vati wüßte –!«

»Hör mal zu, Renchen. Du erzählst ihm nicht, was du gesehen hast. Das mache ich selber. Kapiert?«

»Großes Ehrenwort. Sonst kriegst du bloß Krach, weil du das alles erlaubt hast«, versteht sie sofort.

Der Vater kommt nach Hause. Renchen fliegt ihm an den Hals, klammert sich fest mit diesen rührend dünnen Kinderärmchen, bis er ihr Fliegengewicht rutschsicher eingefangen hat. »Was ist denn hier los? Immer noch Michas Party?«

»Schick sie heim«, sagt die Mutter, »schick sie endlich heim. Auf dich hören sie wenigstens.«

Und Renchen, sofort: »Vati, darf ich mit?«

»Mach, daß du ins Bett kommst!«

»Hinterher. Vati trägt mich ins Bett, nicht wahr, Vati?« Schmuse-schmuse.

Bereits auf der Kellertreppe abwärts hört die Mutter ihre Skandalnudel fragen: »Vati, soll ich dir mal zeigen, wie Micha die Gabi geküßt hat? Sooo –« (1973)

Wie macht man sich bei einem Lehrer beliebt?

Würden Sie je auf die Idee kommen, dem Lehrer Ihrer Kinder mit einer schnatternden Gans unterm Arm oder einer Buddel Schnaps Ihre Aufwartung zu machen? Nein, nicht wahr? Das wäre glatte Bestechung.

Aber was glauben Sie, was Anna und Karl Hopf – beide Junglehrer im selben Landkreis – in der Beziehung schon alles erlebt haben.

Es begann damit, daß wenige Tage nach ihrem Schulamtsantritt ein Kombiwagen vor ihrer Tür hielt und ein Bauer zwei pralle Säcke ablud.

Anna und Karl glaubten anfangs an einen Irrtum. Sie hatten weder einen Sack Zwiebeln noch einen Zentner Kartoffeln bestellt, aber der Bauer sagte, das hätte schon seine Richtigkeit. Schließlich ginge sein Sohn Anton in Herrn Lehrers Klasse, und wo ein Rindvieh im Rechnen und Lesen gescheiter sei als sein Anton, und wenn der Lehrer vielleicht…

Karl war nicht bereit, wegen einem Haufen ungebetener Zwiebeln in den Ruf der Bestechlichkeit zu geraten. Entweder er zahlte dafür, oder Antons Vater durfte seine Feldfrüchte wieder einpacken.

Antons Vater nahm das Geld und zog verstört ab: Was war denn das für ein neuer Lehrer!?

Als Karl ihn zum Wagen brachte, sah er, wie sich im gegenüberliegenden Haus eine Gardine bewegte. Dort kriegte man immer alles mit, was bei Lehrers passierte.

Also ging Karl am selben Abend in die Wirtschaft und verkündete dort lauthals, daß er vom Bauern S. Kartoffeln und Zwiebeln gekauft hätte. Gekauft!

Die Wirtin nickte verständnisvoll und goß Karl zu seinem kleinen Hellen einen dreistöckigen Obstler ein und noch einen, obgleich er abwehrte. Schließlich dürfe sie doch wohl dem Herrn Lehrer ihrer Tochter einen Schnaps spendieren, oder?

Karl schied mit Schlagseite und der festen Absicht, diese Wirtschaft nicht mehr zu betreten.

Wenn er früher in der Stadt wochenlang einem Handwerker hinterhertelefonieren mußte – jetzt kam derselbe noch am gleichen Tag, und noch nie war Karls Auto so rasch, umsichtig und preiswert repariert worden wie in der Werkstatt eines Schülervaters. In diesen beiden Fällen verdrängte er den Verdacht auf indirekte Bestechung. Es gab da so Grenzfälle.

Dazu gehörten auch Annas Einkäufe beim Metzger. Der Meister bediente sie immer persönlich. Ehe er das Fleisch auf die Waage legte, schnitt er das Fett ab oder löste den Knochen aus. Und dann war's ein Fleisch für Zahnlose. Bloß, die kriegten so was Zartes nicht. Sie unterrichteten ja auch keine Metzgerstochter, die schlecht in Deutsch war.

Sollte sich Anna über diese Bevorzugung beschweren? Sollte sie sagen, geben Sie mir was Zähes mit Sehnen und viel Fett? Dann würden alle denken, die neue Lehrerin hat einen Hieb.

Eines Tages lauerte ihr eine Schülermutter auf der Straße mit einem Fleischpäckchen auf. Weil Annas Hände sich weigerten, es anzunehmen, stopfte sie es ihr kurzentschlossen in den Ausschnitt. Und floh per Rad.

Anna stand da mit Geselchtem am Busen.

Alle paar Tage traten kleine Schülerinnen mit selbstgerupften Blumensträußen vor sie hin und strahlten: »Da, Fräulein.« Und hofften, daß Anna sie nun besonders liebte.

Anna freute sich gebührend über die Blumenspenden und stellte sie aufs Katheder – unter anderem auch mal einen leicht verwelkten Rosenstrauß. Er stammte von Bäckermeister Häuslers Grab, aber das erfuhr sie erst später.

Zu Weihnachten bastelten die Mädchen Gläseruntersetzer für Anna, und die Buben überhäuften sie mit Seifengeschenkpackungen.

Und zwischen all denen, die stolz ihre Präsente ablieferten, verkrümelten sich selbstbewußtseinsgeschädigt jene Kinder, deren Eltern sich weigerten, Lehrer zu beschenken.

Selbstgebasteltes nahm Anna an, die Seifeninvasion aber schickte sie retour. Ja, glaubten die Eltern ihrer Schüler wirklich, die Präsente würden die Noten ihrer Kinder beeinflussen?

Der unbestechliche Karl schickte alles, was er bekommen hatte, zurück – bis auf den frisch geschlachteten Stallhasen in Schmuckpapier, den sein erster Bestechungskunde, der Zwiebel-Kartoffel-Lieferant, zu seinem Geburtstag gespendet hatte. Ihn konnte er nicht schicken, weil er spurlos verschwunden war. Wo war der Stallhase?

Eine Schülerin, die sich lieb Kind bei Karl machen wollte, hat es ihm gepetzt. Das wäre der Anton selbst gewesen, der Sohn des Spenders. Den Anton habe die Wut gepackt, weil er den Herrn Lehrer nicht leiden mag, und so hätte er den Hasen wieder mit heimgenommen und gesagt: »Werd ich den Scheißkerl unsern Hansi fressen lassen!?«

Seither kümmert sich Karl besonders um Antons Rechtschreib- und Rechensorgen.

Denn mag er auch keine geistige Leuchte sein, so hat er doch den Mut zu einer charaktervollen Entscheidung. (1968)

Hamsterfahrt ins Havelland

Es war ein Sommermorgen zum Glücklichsein. Sonnenstrahlen trockneten das Tauglitzern auf den Birken. Kohlweißlinge spielten in der Luft. Der Pirol rief: »Krischan Füerhoak.«

Wir radelten im Schatten duftender Linden, später zwischen Kiefernwäldern.

Ach, Sommer – ich trat beglückt in die Pedale. Manchmal ließ ich die Lenkstange los und breitete die Arme aus. Wind unter meinen Achseln, Wind in meinen Haaren – er bauschte meinen blaukarierten Rock aus einer Küchengardine über den Knien auf. »Ich kann mich einfach nicht sattsehen und -hören an diesem Sommer. Geht's dir nicht auch so?«

»Doch«, sagte Jola neben mir radelnd, »aber es ist besser, wenn wir weniger auf die Vögelchen und die lieben Bäume schauen als auf die Kontrollpunkte. Damit wir auf der Rückfahrt nicht hineinschlittern.«

Wie wahr!

Wir radelten durch Dörfer mit Granattrichtern im buckligen Pflaster. Rechts und links von der Straße schnurgerade aufgereiht die meist einstöckigen märkischen Häuser, schmucklos und wie geduckt von der Obrigkeit, im Schatten dichter alter Linden, die ihre Schäbigkeit verbargen.

Über der Straße hingen rote Fahnen und Spruchbänder und überall Plakate mit Stalins Kopf. Russische Militärautos und Kradfahrer überholten Karrenzieher und vereinzelte Pferdefuhrwerke und uns Radfahrer. Sobald wir die Ortschaften verließen, sahen wir arbeitende Brigaden auf den Feldern.

Wir radelten am Templiner See entlang auf Caputh zu. Hier beginnt das größte Obstanbaugebiet der Mark Brandenburg. Unsere wollenen, im Schritt mottenzerfressenen, x-mal gestopften Badeanzüge hatten wir mitgenommen, um vom Wilkeschen Grundstück aus im Schwielowsee zu schwimmen und, wenn möglich, ein paar Krebse zu fangen.

Vor dem Wilkeschen Grundstück stiegen wir von den Rädern. Eine Kröte sprang über den Weg und landete am Straßenrand zwischen wildem Mohn.

Am Türchen waren mehrere provisorische Schilder angebracht, lauter fremde Namen: Mahnke – Kowalk – Krüger. Aber nicht mehr Wilke.

»Wir sind doch richtig?«

»Ganz bestimmt«, sagte Jola, »ich kenn das Häuschen genau.«

Vor einem Jahr hatten uns hier die Eltern Wilke mit ihren Töchtern Gudrun in Reichsarbeitsdienstuniform und Heidrun im Volkstanzkleid von Glaube-und-Schönheit empfangen.

Gudrun war zuletzt in Ostpreußen in einem RAD-Lager gewesen. Es hieß, daß sich ihre Vorgesetzten beim Nahen der Russen mit Autos und Verpflegung abgesetzt und die »Maiden« ihrem Schicksal überlassen hatten. Von Gudrun fehlte seither jede Spur.

Wir schauten über den Zaun. Wenig hatte sich seit unserem Besuch verändert. Da war der lange Kiesweg zwischen Stachelbeersträuchern, an seinem Ende das Sommerhäuschen mit der verglasten, inzwischen verscherbten Veranda.

»Paar Stachelbeeren sind noch dran«, sagte Jola nach gründlicher Musterung des Vorgartens und griff über den Zaun, um den Riegel von der Tür zu schieben. »Komm.«

Ich hatte plötzlich Bedenken. »Wilkes waren zweihundertprozentige Nazis. Ob es klug ist, nach ihnen zu fragen? Vielleicht werden wir verhaftet!«

»Sie waren die Schwiegereltern von meinem Vetter, und ich habe versprochen, nach dem Häuschen zu sehen«, sagte Jola. »Du kannst ja draußen warten, wenn du Schiß hast.«

Immer diese provozierenden Zweifelsäußerungen an meinem Mut, die mich moralisch verpflichteten, mitzumachen.

Eine Frau kam um das Haus herum, gedrungen und formlos in ihrer grauen Kittelschürze, Pantoffeln an den dicken Füßen. Als sie uns sah, begann sie zu kreischen: »Schon wieder das Pack aus der Stadt! Was wollt ihr? Wir haben nischt. Macht, daß ihr wegkommt.«

Ich wollte flitzen, aber Jola hielt mich rechtzeitig fest. »Sie haben Stachelbeeren und Johannisbeeren«, sprach sie die Frau an.

»Janischt hab ick und schon janich for herjelaufenes Jesindel. Und nu raus –«

»Komm«, zog ich an Jola.

Aber sie schüttelte meine Hand ab. »Ich hab Amis.«

Jetzt zögerte die Frau. »Lucki Strieke?«

»Camel.«

»Du hast doch gar keine«, zischte ich.

»Na und? Hauptsache, wir kommen erst mal rein.«

Die Erwähnung amerikanischer Zigaretten änderte die Haltung der Frau abrupt: »Na ja, det ist was anderes.« Sie machte eine Bewegung, ihr zu folgen.

Unsere Räder nahmen wir sicherheitshalber mit.

Hinterm Haus flatterte Wäsche über blaublättrigen Kohlrabipflanzen. Voriges Jahr hatte man von hier einen weiten Blick über den See. Inzwischen war das Schilf hochgewachsen und bildete zwei dichte, raschelnde Wände rechts und links vom Steg.

Die Frau ging zur Holztreppe der Veranda. »Komm Se mit«, sagte sie zu Jola, und zu mir: »Sie nicht. Sie warten draußen.« Einer alten Frau, die Erbsen in eine Emailleschüssel in ihrem breiten Schoß palte, rief sie zu: »Mama, paß uff, dasse nischt klaut.«

Die Alte musterte mich kurz über den Rand ihrer Nickelbrille. Ein fehlender Bügel war durch ein Gummiband ersetzt. »Tag auch«, zischte sie durch Zahnlücken. »Drückend, wa?«

»Ja«, sagte ich und sah mich in der flirrenden Mittagshitze um. Außer Bienensummen und dem trägen Schleifen des Schilfs war nichts zu hören.

»Wohnen Sie schon lange hier?«

»Unser Haus is abjebrannt. Da hat mir meine Tochter herjeholt. Der neue Bürgermeister hat ihr hier einjewiesen.«

»Und die früheren Besitzer?« fragte ich.

»Sind all dot.« Sie wischte sich mit dem Handrücken den Schweiß von der Stirn. Durch ihr graues, schütteres Haar schimmerte die Kopfhaut.

»Alle?« fragte ich.

»Wat weß ick, wie viele es waren. Die Alten haben sich umjebracht. Die lagen noch in die Veranda, wie meine Tochter hier einjezogen is. Denn war auch noch die Jüngste da, Heidrun hieß se. Die wollte kurz vor Toresschluß noch zu ihre Schwester nach Norddeutschland machen. Aba sie is nich weit jekommen.« Die Frau zeigte mit dem Daumen in Richtung des leeren Hühnergeheges. »Da drüben hat se jelegen. Mit'm Messer in ihre Brust. Ja, so war det.«

Ich sah Heidrun vor mir, blondzöpfig, vollbusig, mit einem Leinenspenzer überm Glockenrock, mit Kornblumen und Ähren bestickt. Die strammen Beine endeten in weißen Söckchen und Bundschuhen. Ein derbes, fröhliches junges Mädchen.

Voll Entsetzen schaute ich in die angegebene Richtung. »Waren das die Russen?«

»Nee, das mecht woll so hinjestellt werden von die Schuldigen – aber das waren welche aus'n Ort. Das war Rache. Weil sie die Köpkes verpfiffen hat, die den abjeschossenen englischen Piloten bei sich vasteckt hatten. Und deswegen sind Köpkes erschossen worden.« Sie klatschte sich auf die welke Wange. »Die Fliegen stechen –«, und nach einem Blick in den Himmel: »Da braut sich wat zusammen. Wenn det übern See kommen dut – müssen Se noch weit, Frollein?«

»Die Heidrun ist also ermordet worden?«

»Es war die jerechte Strafe, Frollein«, versicherte die Alte. »Aber wenn ick's mir so recht überlege – sie war doch noch so'n jungschet Ding.«

Jola kam unnatürlich beschleunigt aus dem Haus gelaufen, knapp hinter ihr die Tochter der Alten mit erhobenen Fäusten. »Camel soll det sind?« schrie sie. »Det is Kippentabak is det.«

»Aber aus Amizigaretten«, verteidigte Jola den Inhalt einer Blechbüchse, die sie an sich preßte. »Das riecht man doch.«

»Und dafor soll ick dir mein jutet Obst vakoofen? Ja, bin ick plemplem?«

Jola, hoheitsvoll: »Erstens sind Ihre Beeren mulsch, und zweitens gehören sie nicht Ihnen, sondern Wilkes.« Sie gab mir ein Zeichen: Komm, abhauen!

Die Frau rannte hinter uns her. »Wilkes? Det SS-Pack, det habt ihr jekannt?« Ihre Stimme überschlug sich. »Vielleicht seid ihr selber solche –«

»War'n wir nicht!« schrie ich zurück, ehe wir unsere Räder auf die Straße rollten und, neben ihnen herlaufend, aufstiegen. Wir strampelten eine Weile am Schwielow entlang. Bizarre Wolkentiere hatten sich vor die Sonne geschoben, aus denen ein feiner, grauer Vorhang bis zur Erde reichte.

»Da drüben regnet es schon«, sagte Jola.

Ich erzählte ihr von Heidrun.

Sie fuhr darauf eine Weile schweigend neben mir her, die Arme auf der Lenkstange, und starrte auf die staubige Landstraße. Schließlich sagte sie: »Es tun mir einfach alle leid. Die, die Heidrun denunziert hat, was sie für ihre idiotische Pflicht hielt – und sie selber auch. Sie war ja erst siebzehn oder achtzehn. Sie wußte wahrscheinlich nicht, was sie tat, aber sie hat dafür gründlich büßen müssen.«

»Wir hätten niemals jemand verraten, auch nicht mit zwölf.«

»Wir sind ja auch nicht so fanatisch erzogen worden wie sie«, sagte Jola.

Mittags erreichten wir den Ort Werder.

Wir wollten Frau Böckmann und ihre Pflegetochter Hedwig besuchen. Hedwig war ein uneheliches Kind unseres ehemaligen Hausmädchens Alma und hatte jahrelang meine Kleider und Puppen geerbt.

In den letzten Kriegsjahren, als es mit der Versorgung in Berlin trostlos wurde und die Städter täglich in Scharen aus dem Vorortzug fielen, um Zigaretten, Fotoapparate, Kaffee, Pelze, Seife, Strümpfe, Anzüge, Stoffe und so fort gegen Obst und Gemüse einzutauschen, fehlte es den Werderianern an nichts.

In Frau Böckmanns Stall, so erinnerte ich mich von meinem letzten Besuch, stand ein Klavier. Hedwig trug seidene Kleider schon am Vormittag und knabberte Schokolade, während sie die Fremdarbeiter auf der Plantage antrieb.

Frau Böckmann war über die Jahre die arbeitsame Obstbäuerin geblieben. Kein Reichtum hätte sie dazu gebracht, ihren Wecker von halb fünf auf acht Uhr umzustellen.

Wir standen vor verschlossener Tür. Ich zog die silberne Pennäleruhr meines Vaters, die einzige, die uns geblieben war, aus der Tasche. Sie ging vor. Nach ihr war es ungefähr halb eins. »Die müßten doch mal Mittag machen.«

Da kamen auch schon Frau Böckmann und Hedwig, zerstochen und verschwitzt, angeradelt.

»Ach, Fräulein Luise«, jammerte Frau Böckmann absteigend, »die guten Zeiten sind vorbei. Wir sind bloß noch Pflücker auf unsere eigene Plantage. Alles müssen wir abliefern. Da bleibt kaum was für unsereinen übrig. Und was Hedwig ist, die hat sich ein

Kind andrehen lassen. Von einem Feldwebel von der Flak. Wie er das wußte, hat er sich nicht mehr sehen lassen. Bin ich mit Hedwig nach seine Einheit hin, nach Wildpark. Aber da kannte keiner den Josef Schmitz aus Neuß. Hat er ihr auch noch unter falschem Namen das Kind gemacht. Aber ich habe Hedwig gleich gesagt, eh du mit einem Landser auf Stube gehst, schreib dir sein Soldbuch ab, sonst geht's dir wie deine Mutter mit ihre uneheliche Bälger. Sie ist ja sonst ein braves Ding, bloß zu gutmütig.« Währen dieser Jammertirade lehnte Hedwig schweratmend im Hausflur und hörte alles mit an. Es war, als ob Frau Böckmann über einen Gegenstand redete. »Na, nu isses passiert. Nu wer'n wir das Kind auch großkriegen.« Anfang September sollte Hedwig niederkommen. Bis zuletzt würde sie auf der Plantage mitarbeiten müssen. »Und wie ist euch ergangen? Habt ihr was mitgebracht? Zeigt mal. Amitabak? Echter? Na ja, riecht so. Dafür könnt ihr zwei Eier haben.«

»Drei Eier und ein Pfund Kirschen«, sagte Jola.

»Denn gehn Sie mal bei meine Nachbarn. Das sind all Raucher, die zahlen Sie vielleicht den Wucherpreis.«

Ich packte die Budapester Schuhe meines Vaters aus, Frau Böckmann nahm jeden einzeln in die Hand und begutachtete ihn rundum. »Sind ja soweit in Ordnung.«

»Und frisch besohlt, aber meine Mutter hat gesagt,

wenn ich nicht genug dafür kriege, soll ich sie lieber wieder mit nach Hause bringen.«

»Einen Momang.« Frau Böckmann verschwand in der guten Stube.

Jola ging mit ihrem Tabak zum Nachbarn. Ich blieb allein im dämmrigen Flur, der früher nach Schmierseife und Bohnerwachs gerochen hatte, jetzt nur noch nach feuchtgescheuerten Brettern. Auf dem Hof gurrten Tauben. In der Küche erbrach sich Hedwig überm Ausguß.

Jola erhielt für ihren »echten Virginiafeinschnitt« zwei Eier und ein halbes Pfund Johannisbeeren. Außerdem hatte sie sich aus einem Korb, der im Flur stand, mit der Geschwindigkeit eines neapolitanischen Taschendiebes die Rocktaschen voll Kirschen gefüllt.

Frau Böckmann packte mir Kartoffeln, Obst und Salatköpfe in den mitgebrachten Rucksack. Wir strampelten heimwärts. Der Himmel vor uns war schwarz, hinter uns schwefelgelb.

Kaum waren wir aus der Ortschaft heraus, da ging es los. Gewitter von allen Seiten. Wir zählten die Sekunden zwischen Blitz und Donner. Einmal zwei, dann fünf, und dann riß ein augenblendendes Licht den Himmel auf bei gleichzeitigem Einschlag. Elektrizität durchfuhr mich. Bloß runter vom Rad. Ich fiel platt in ein Erdbeerfeld. Hielt mir die Ohren zu. Zwanzig Meter weiter brannte der einzige Baum im Umkreis. Von unten brannten Brennesseln mich an.

Atemlos wartete ich auf den nächsten knackend krachenden Einschlag. Trockene Gewitter klingen ja viel fürchterlicher als nasse.

Nahebei schrie eine Stimme gellend um Hilfe. Das war Jola.

Ich richtete mich auf. Im Blitzlicht sah ich sie mit einer anderen Gestalt kämpfen. Wie ein wildbewegter Scherenschnitt, schoß es mir durch den Kopf.

»Hilfe! Luise!! Der will dein Rad klauen!«

Ich sprang hoch und rannte stolpernd auf sie zu, hörte mich »Karl! Hermann! Emil!« brüllen. »Kommt schnell! Schlagt den Kerl tot!« Unser alter Trick, wenn wir uns im Wald fürchteten. Wir riefen starke Männer zu Hilfe, zumindest ihre Namen.

Beim nächsten Wetterleuchten war die Gestalt verschwunden.

Ich erreichte Jola. Keuchend hielt sie unsere Räder umkrampft. »Was mußt du auch wegrennen, du dumme Gans. Plötzlich war der Kerl da. Ich bin ihm in die Seite gefahren. Fielen alle beide hin. Aua – mein Handgelenk! Der hatte vielleicht Kräfte –!«

»Vielen Dank, du –«

»Aber deinen Rucksack hat er mitgenommen. Komm bloß weg hier.«

In diesem Augenblick platzten die schwarzen Wolken, die den Nachmittag zur frühen Nacht verdunkelt hatten, wie ein gesprengter Wassertank. Im Nu waren die Straßen überschwemmt. Über die Lenkstange gebeugt, in den Pedalen stehend, traten wir gegen den Strom an, mit Heckwelle. Wannsee war noch Stunden entfernt, so langsam, wie wir vorwärts kamen.

Einmal ging es gar nicht mehr weiter. Da mußten wir uns unterstellen und aßen die Knubberkirschen aus Jolas Rocktaschen. Sie erinnerte sich an ihre Eier, griff besorgt in den Beutel, in dem sie auf den Johannisbeeren obenauf gelegen hatten, und zog die Finger gleich wieder heraus. Von ihnen tropfte es glibberig.

»Und du bist schuld«, fuhr sie mich an.

(Aus »Ein Stück vom Leben«, 1984)

Ich sitze mir gegenüber

Von München aus war ich nach Brüssel geflogen und dort in den Zug nach Ostende gestiegen, wo mich Zürcher Freunde erwarteten, mit denen ich weiter nach London reisen wollte.

Es war Herbst, ein Sonntagnachmittag, und es regnete. Der Regen fiel schräg auf sattgrüne Wiesen, in der Luft standen Vögel, gegen den heftigen Wind ansegelnd. Der Blick aus dem Abteilfenster auf die schweren, fast schwarzen jagenden Wolken stimmte mich wehmütig. Herbstmelancholie.

Nach einem kurzen Halt auf einer Station setzte sich der Zug gerade wieder in Bewegung, als die Abteiltür aufgerissen wurde. Ein Mädchen brach herein und belebte meine Stille mit erschöpftem Keuchen und wild ausholenden Bewegungen, wobei sein einziges Gepäckstück, eine offene rote Umhängetasche, von seinen Schultern glitt, und zwar kopfüber. Ihr Inhalt fiel auf den schmalen Gang zwischen den Plüschsitzen, und der wurde zur Rollbahn für Lippenstift, Füller, Ohrclips, Kleingeld, Feuerzeug und eine

Cremedose. Mit hastigen Bewegungen klaubte sie alles auf, auch unter meinen hochgezogenen Füßen, bedauerte dabei lächelnd »Pardon, Madame« und stopfte zusätzlich einen herausgefallenen Brief, Portemonnaie, Notizbuch, einen Plastikfrosch, Kompaktpuder, der beim Sturz in Stücke zerbröselt war und den schmutzigen Gang pfirsischfarben überstäubte, einen Kamm mit fehlenden Zinken, ein rotgepunktetes Baby-Doll-Nachthemd, eine verwelkte rote Rose, die Fahrkarte, Zahnpasta sowie ein Tampax in ihre Tasche zurück und fiel erschöpft auf den Fensterplatz mir gegenüber. Ich hielt ein Buch vor mein Gesicht und stellte mich lesend, weil an keiner Konversation auf französisch interessiert, was sie zu erleichtern schien.

Große, dunkelblaue Augen träumten aus dem Fenster, wohl einem Erlebnis nach, das, dem Inhalt der Tasche nach zu urteilen, eine Nacht eingeschlossen haben mochte – Augen, die noch an das Edle, Gute glaubten, wenn auch nicht mehr unschuldig. Der stürmische Auftritt, die umgestülpte Tasche, die Augen, der vollippige Mund in dem großflächigen Gesicht kamen mir bekannt vor – das hatte ich alles schon einmal erlebt. Ich konnte nur nicht in meinem Gedächtnis wiederfinden, wann und wo.

Vertieft in meine Lektüre, hörte ich es mir gegenüber kramen und rascheln, dann das Kratzen einer Füllfeder über Papier.

Vor dem Fenster sank die Dämmerung auf die

Landschaft, das Licht im Abteil ging an. Die junge Person saß nun vorübergebeugt und schrieb auf dem Pult ihrer Knie in ein Notizbuch. Eine kastanienbraune, schwere Welle verdeckte halb ihr Gesicht. Sie schrieb und schrieb die letzten Seiten ihres Büchleins voll, kramte in ihrer Beuteltasche nach dem Brief, riß sein Kuvert auseinander und beschrieb es von innen mit kleinen, schnellen Worten.

Meine Blicke irritierten sie nicht, sie schien ganz vergessen zu haben, daß ich ihr gegenüber saß. So konnte ich sie ausführlich über den Rand meines Buches hinweg mustern. Hochgestellter, weißer Hemdkragen, nicht mehr ganz blütenrein über dem dunkelblauen Pullover mit V-Ausschnitt. Über dem karierten, kurzen Faltenrock zog sich eine breite Laufmasche über ein Knie. Ein kräftiges, vollblütiges Mädchen, ständig in Bewegung, auch die Welle über ihrem Gesicht, die sie mit Schwung zurückwarf, wenn sie vom Schreiben aufsah, um nachzudenken.

Und dann war auch die Außenseite des Briefumschlages vollgekritzelt – nun ging gar nichts mehr, aber ich spürte, daß sie an der Fülle all der Gedanken litt, die nun ungeschrieben bleiben mußten. Darum griff ich in meine Tasche, riß ein paar karierte Seiten aus meinem eigenen Diarium und reichte sie ihr hinüber.

Ihre Augen leuchteten ungläubig auf. »Madame! Comment est-ce que vous savez –?« Es folgte ein kurzer, beglückter Wortschwall des Dankes, und schon füllte sie meine Seiten mit fliegender Schrift.

Der Zug hielt. Das Mädchen guckte kurz auf, stieß einen Schrei aus, stopfte die losen Blätter in ihre Tasche, klemmte sie unter den Arm – »Au revoir, Madame, mille merci –«. Den Füller noch in der Hand, riß sie die Abteiltür auf und stürzte aus dem Zug, der langsam anrollte.

Auf dem Mittelsitz gegenüber lag ihr Anorak. Ich lief mit ihm auf den Gang hinaus, riß das Fenster herunter, schrie: »Mademoiselle!« und warf ihn auf den Perron.

Sie sah sich um, ich zeigte auf das Häufchen Stoff. Sie schien den Anorak noch gar nicht vermißt zu haben, faßte sich an die Stirn und schickte mir zwei Kußhände voll Dankbarkeit hinterher...

Ich kehrte, leicht angegriffen von soviel chaotischer Spannung, in die ich einbezogen worden war, auf meinen Fensterplatz zurück und schaute in die Dunkelheit hinaus.

Und auf einmal wußte ich, an wen mich dieses temperamentvolle, verhuschte belgische Mädchen mit seinem Babyspeck und der ständig bewegten Haarwelle, den großen gläubigen Augen voller Lebensneugier, dem ins Abteil gekippten Intimleben und seiner maßlosen Schreibsucht erinnerte: an mich selbst – zwanzig Jahre jung.

Diese Erkenntnis berührte mich sehr. Man sitzt sich ja nicht allzuoft im Leben gegenüber. Ja, genauso sah ich damals aus, so war ich einmal.

Zum ersten Mal kam ich mir alt vor mit meinen

dreiundvierzig Jahren. Erwachsen, erfahren, überlegen, um viele Illusionen ärmer.

Ich hatte inzwischen beruflich erreicht, wovon das belgische Mädchen wohl noch träumte. Ich war Autorin mit Erfolg. Nur meine Schreibeuphorie war mir inzwischen abhanden gekommen. Manchmal haßte ich die monatelange Isolation am Schreibtisch. Wort für Wort, Zeile für Zeile, Seite für Seite, Hunderte von Seiten, die mehrmals umgeschrieben werden mußten. Was für eine Kraftanstrengung, bei der man nie wußte, ob das neue Buch ein Erfolg werden würde oder ob all die verschriebene Zeit und Mühe umsonst gewesen waren und somit die Existenzgrundlage meiner kleinen Familie gefährdet. Ja, ich hatte mich sehr verändert in den letzten dreiundzwanzig Jahren.

Der Zug hielt. Hielt schon ziemlich lange. Irgendwann hatte ich den Einfall, aus dem Fenster zu schauen.

Ostende. Endstation.

Beim Zerren des schweren Koffers die steilen Waggonstufen herunter rutschte meine Tasche von der Schulter, fiel auf den Perron mit der Öffnung nach unten. Lippenstift, Pillenröhrchen, Bleistift, Tampax, Haarspray kullerten auf die Schuhe der mich erwartenden Zürcher Freunde zu.

»Wieso kommst du erst jetzt? Die anderen sind längst ausgestiegen – wir wollten gerade gehen – wir dachten schon, du hättest den Zug verpaßt«, redeten sie vorwurfsvoll und durcheinander auf mich ein.

Belgisches Mädchen, mein junges Ich, bin ich wirklich inzwischen erwachsen, erfahrener, umsichtiger geworden? Oder nur älter? Gewisse Ähnlichkeiten zwischen uns sind zweifellos noch immer vorhanden.

(1983)

Band 11955

Annette von Aretin (Hg.)

Heiterkeit des Herzens

Heiterkeit des Herzens ist nicht einfach Lustigkeit oder Ausgelassenheit, sondern hat etwas Entspanntes und Zufriedenes an sich. Sie kann das Ergebnis von Gelassenheit, Lebenserfahrung oder von Freude am Vollkommenen sein. Zu allen Zeiten haben die Dichter sie als erstrebenswerten Seelenzustand beschrieben.

Dieses Buch enthält die schönsten deutschen Gedichte über die Heiterkeit des Herzens, ausgewählt und zusammengestellt von der beliebten Fernsehmoderatorin Annette von Aretin.

BASTEI LÜBBE